rororo

rororo sprachen

Herausgegeben von Ludwig Moos

Das schlechte Gewissen meldet sich immer mal wieder: Man müsste mehr für seine Sprachkenntnisse tun. Aber da dies Zeit und Mühe kostet, bleibt es meist beim guten Vorsatz. Dieses Sprachbuch lockt Büffelmuffel mit Witz und didaktischer Raffinesse aus der Reserve und zeigt, dass Sprachenlernen kein Privileg der Emsigen oder Begabten sein muss. Eine amüsante Geschichte, die fortlaufend zu lesen ist, macht vertraut mit dem französischen Alltag und den Sprechmitteln zu seiner Bewältigung. Ein Schwerpunkt pro Doppelseite bringt das notwendige Minimum an Wissen auf den Punkt, lockere Tests helfen dabei, das frisch Gelernte einzuüben und zu behalten.
Nach dem gleichen Muster sind erschienen:
Englisch für Büffelmuffel (rororo sprachen 61907), *Italienisch für Büffelmuffel* (rororo sprachen 61908) und *Spanisch für Büffelmuffel* (rororo sprachen 61910).

Robert Kleinschroth / Anne-Laure Maupai

Französisch für Büffelmuffel

Rowohlt Taschenbuch Verlag

11. Auflage März 2015

Originalausgabe
Veröffentlicht im Rowohlt Taschenbuch Verlag,
Reinbek bei Hamburg, September 2004

Umschlaggestaltung Britta Lembke (Illustration: Britta Lembke)
Layout Anne Drude
Satz Stone, PostScript Linotype Library, QuarkXPress 3.31
Druck und Bindung CPI books GmbH, Leck, Germany
ISBN 978 3 499 61909 0

MIX
Papier aus verantwortungsvollen Quellen
FSC® C083411

Das für dieses Buch verwendete Papier ist FSC®-zertifiziert.

	Table des matières	*Inhalt*	5
	Préface	*Vorwort*	6
	Balises grammaticales	*Wegweiser zur Grammatik*	7
	Les bons et les méchants	*Die Guten und die Bösen.*	8
	Au lieu d'un mode d'emploi	*Statt einer Gebrauchsanweisung*	
	Chapitre		
1.	Le client	*Der Klient*	10
2.	La mission	*Der Auftrag*	16
3.	Tâter le terrain	*Die Lage sondieren*	20
4.	La découverte	*Die Entdeckung*	24
5.	Visite éclair à Lyon	*Blitzbesuch in Lyon*	28
6.	Rien n'est parfait	*Nichts ist perfekt*	34
7.	Pierrot le pro	*Pierrot der Profi*	38
8.	L'attaque	*Der Überfall*	42
9.	Fred le parachutiste	*Fred der Fallschirmspringer*	46
10.	Le deuxième corps	*Die zweite Leiche*	52
11.	La lettre d'un mort	*Der Brief eines Toten*	56
12.	Une boutique respectable	*Ein ehrbares Geschäft*	60
13.	Défilé chez Katinka	*Modenschau bei Katinka*	64
14.	Vodka avec Katia	*Wodka mit Katia*	68
15.	Problèmes au volant	*Verkehrsprobleme*	72
16.	Révélations	*Enthüllungen*	76
17.	Dans la cage aux lions	*In der Höhle des Löwen*	80
18.	L'enquête continue	*Die Ermittlung geht weiter*	84
19.	Une bonne piste	*Eine heiße Spur*	90
20.	La taupe	*Der Maulwurf*	96
21.	Vive l'amour!	*Es lebe die Liebe!*	102
22.	La prise d'otages	*Die Geiselnahme*	106
	Appendice		
	Solutions	*Schlüssel zu den Übungen*	111
	Glossaire	*Glossar*	151

Willkommen im Club der Büffelmuffel! Eigentlich ist Ihr Französisch ganz passabel – aber nur «eigentlich». Haben Sie vielleicht länger pausiert und vieles schon vergessen? Sie möchten also wieder einsteigen, wollen aber auch nicht bei Null anfangen. Da sind Sie hier goldrichtig, denn das Buch ist für alle gemacht, die keine Lust zum Pauken und Büffeln haben, aber auf vergnügliche Weise trotzdem etwas lernen wollen. Wie soll das gehen?
Sie haben ein spannendes, mit viel Humor gewürztes Lese- und Lernbuch aufgeschlagen, das ein wenig Schulfranzösisch voraussetzt. Es unterscheidet sich grundsätzlich von den üblichen Lehrbüchern durch Form und Inhalt. Es ist für alle geschrieben, die nicht die Zeit oder die Ausdauer haben, sich durch ein konventionelles Lehrwerk zu kämpfen, sondern lieber mit Marie Paulard auf Verbrecherjagd gehen.
Im Grunde wollen wir ja alle etwas lernen oder wenigstens Gelerntes bewahren. Wenn es nur nicht so mühsam wäre! Deshalb haben wir für Sie eine unterhaltsame Geschichte geschrieben, die Sie zum Lesen und Lernen verleiten wird. Dazu brauchen Sie pro Kapitel etwa 10 bis 30 Minuten, je nachdem, welcher Gattung Büffelmuffel Sie angehören. Und nach jeder Episode werden Sie das Buch nicht erschöpft weglegen, sondern wissen wollen, wie es weitergeht. Das sollen Sie auch – sogar unterwegs oder in Wartezimmern.

1. Sind Sie ein *eiliger* Büffelmuffel? Dann folgen Sie der Geschichte in den oberen Seitenhälften. Sie lesen sich ein und erschließen sich schon bald unbekannten Wortschatz aus dem Zusammenhang. Wenn Sie mal hängen bleiben, genügt ein Blick zu den Worterklärungen am Seitenrand, und Sie verstehen alles. Vielleicht haben Sie auch noch Zeit für den einen oder anderen Witz.

2. Sind Sie ein *nicht so eiliger* Büffelmuffel, entnehmen Sie dem Blickpunkt, wo wir die Schwerpunkte gesetzt haben. Sie lesen zuerst den Text und wählen dann die Tests aus, die es Ihnen wert erscheinen.

3. Dem *gründlicheren* Büffelmuffel brauchen wir nicht zu sagen, was zu tun ist. Sie werden das Kapitel lesen, vielleicht auch noch ein zweites Mal lesen und die zugehörigen Tests machen. Sie werden sich vielleicht auch die Zeit nehmen, die Erläuterungen im Schlüssel zu lesen.

Eine Gebrauchsanweisung finden Sie auf den folgenden Seiten.

Wegweiser zur Grammatik

Adjektiv	12, 70
Adverbien	14, 28, 29, 67, 70
Demonstrativpronomen	110
Fragen stellen	17, 69
Futur	16, 42, 43
Gerund	36, 39, 45
Hervorhebung	67
Imparfait	26, 59, 62, 75
Imperativ	11, 12
Indirekte Rede	66
Infinitiv	16, 82, 84, 85, 86, 96
Konditional	52, 53, 54
Konditionalsätze (Bedingungssätze)	53, 54, 55
Konjunktiv (Subjonctif)	78, 79, 83, 93
Negation	23, 45, 48, 80, 81
Objektspronomen	11, 19
Partizip Präsens	50
Passé composé	22, 25, 38, 62, 75, 76
Passiv	77
Präposition oder Konjunktion	91, 92
Pronominaladverb *en*	49, 71
Reflexive Verben	25, 38, 69, 115
Relativsätze	27, 33, 50, 54, 56, 65
Teilungsartikel (Mengenbegleiter)	57, 58
Verbformen	15

Wegweiser zu den Redemitteln

Personen beschreiben	10, 13, 30
Wegbeschreibung	20
Reisen	31, 32, 33, 100, 101, 104, 105
Restaurant	39, 40, 57
Hotel	34, 35
Bewerbung	47
Kleider kaufen	37
Verkehr und Auto	72, 73, 74
Beim Arzt	90, 95
Liebe	102, 103
Glückwünschen und Danken	107, 108, 109

Les bons et les méchants

Les bons et les méchants

Statt einer Gebrauchsanweisung

Cette petite *histoire policière se passe* à Paris en 1999. Vous allez *faire la connaissance* d'un certain nombre de personnages.
Il y a d'abord les *personnages principaux*, Marie et Eric. Marie Paulard est détective privée. Elle a *repris* l'agence de son père qui, lui, a *pris sa retraite.* Avant de travailler à la place de son père, Marie a fait *beaucoup de choses.* Comme Brigitte Bardot, elle a eu un *élevage de chiens*; elle a travaillé pour un *notaire* et elle a même *tenu* un petit restaurant. Mais *depuis son enfance*, elle est fascinée par les *enquêtes.*
Eric était le *bras droit* du père de Marie et reste le *fidèle collaborateur* de la jeune femme. C'est un passionné de *courses* et il joue toujours au *tiercé.*
Fred, que Marie va *recruter* par *petites annonces,* se chargera de *suivre les «méchants».*

Krimi; sich ereignen
Bekanntschaft machen
Hauptperson
übernehmen; in Pension gehen
viele Dinge

Hundezucht; Notar
führen / leiten
seit ihrer Kindheit
Ermittlung; die rechte Hand von; treuer Mitarbeiter; Pferderennen; Dreierwette
einstellen; Inserat
(ver-)folgen; Böse

Wortschatzspalte, Glossar und Tests

Die Wortschatzspalte hat zwei Funktionen. Sie dient zuerst dem schnellen Textverständnis. Sie brauchen kein Wort nachzuschlagen, sondern können flüssig weiterlesen. Allerdings geben wir Ihnen die Verben in der Grundform und die Substantive in der Einzahl, so wie es auch im Wörterbuch stehen würde.
Sollte Ihnen doch einmal ein Wort fehlen (z. B. *se charger de*), finden Sie es bestimmt in dem ausführlichen Glossar im Anhang.

Lernen ist wie Rudern
gegen den Strom.
Wer aufhört, treibt zurück.

Die Guten und die Bösen

Die Guten und die Bösen

Statt einer Gebrauchsanweisung

Dans les rôles des *méchants*, il y a le *proxénète sans scrupule*, Yaya, qui tient un restaurant marocain.	*die Bösen; Zuhälter skrupellos*
Pierrot, qui *cache son jeu*, est un ancien camarade de lycée de Marie et un homme dangereux.	*sich nicht in die Karten sehen lassen*
Le diamantaire Lacour est *à la fois victime* et criminel. C'est lui qui *déclenche* toute l'enquête et qui *conduit* Marie dans les milieux des *joailliers*.	*zugleich; Opfer auslösen führen; Juwelier*
La victime principale, c'est Katia, une jeune Russe qui a quitté son pays *trompée par* Yaya qui la *met sur le trottoir*. Plus tard, elle est *recueillie* par une compatriote, Ludmilla. Cette dernière *tient* une boutique de dessous féminins. L'histoire commence à *l'agence* de Marie.	*getäuscht von auf den Strich schicken; aufnehmen unterhalten / leiten Büro / Detektei*

Nachhaltiges Wortschatzlernen

1. **Wortschatz scannen:** Im Anschluss an die Lektüre eines Kapitels sollten alle Büffelmuffel die schräg gedruckten Ausdrücke im Text überfliegen und sich an die Übersetzung erinnern.
2. **Wortschatz wiederholen:** Der gründlichere Büffelmuffel wird anschließend die deutsche Spalte senkrecht lesen und sich den nebenstehenden französischen Ausdruck ins Gedächtnis rufen. Ein Blick nach links, und der Zusammenhang ist wieder da. Dies ist eine sinnvolle Form des Wortschatzlernens.
3. **Erst lesen, dann üben.** Die Tests sind kurz und abwechslungsreich und dienen ebenfalls dem Verständnis des Texts. Die Lösungen finden Sie ausführlich kommentiert im Anhang.

Les Français en rient

Deux Allemands entrent dans une brasserie. Comme ils sont très snobs, ils veulent passer pour des Anglais. Le premier demande:
– Two martinis, please.
– Dry? fait le barman.
Alors l'autre Allemand:
– Nein! Zwei!

Der Klient

1 *Le client*

Je *suis assise* derrière mon *bureau* neuf et discute avec mon *nouveau* secrétaire Eric.
La *dernière édition* de France Soir nous informe que nous avons gagné 2000 euros *au tiercé*. Une belle somme qui *tombe bien*. Je suis si *excitée* que j'*oublie* de me *présenter*.

Je m'appelle Marie-Dominique Paulard. J'ai 32 ans, je suis *célibataire* et *depuis* 24 heures et dix minutes détective privée. Eh oui, ce n'est pas *banal* pour une femme avec mon mètre 56 et mon *air si jeune*. Il faut dire que j'ai déjà *exercé* beaucoup de *métiers*. Après mon *bac*, je suis entrée dans la police, puis dans les *douanes*, j'ai monté *un élevage de bergers allemands* et j'ai même eu un petit restaurant en Provence. Mais mon père, qui était détective privé, a *pris sa retraite* et m'a donné son agence. J'ai donc un *employé*, Eric, qui est *prêt à aider* la fille de son *ancien patron*.

ich sitze; Schreibtisch; neu
letzte Ausgabe
bei der Dreierwette
wie gerufen kommen; aufgeregt vergessen; vorstellen

unverheiratet; seit
alltäglich
jugendliches Aussehen; ausüben
Beruf; Abitur
Zoll; Schäferhundezucht
in Rente gehen
Angestellter
bereit zu helfen
ehemaliger Chef

Im BLICKPUNKT

	Schwerpunkt	Beispiel
1.	Personen beschreiben	J'ai 32 ans. Je suis célibataire.
2.	Anweisungen geben	Allez voir! Faites-le entrer!
3.	Adjektive angleichen	Marie est *assise*.

TEST 1: Fragen an Eric – Sie antworten für ihn

Quel âge a-t-elle, votre chef?	Elle ______ 32 ______.
Est-ce qu'elle est mariée?	Non, elle est ______.
Elle est grande (de taille)?	Non, elle ______ ______.
Elle fait ce métier depuis quand?	______ 24 ______.

Le client

Der Klient 1

– Comment marche l'agence, Eric? Mon père m'a dit que tout allait bien, mais je ne le *crois* pas. Il a toujours un peu *exagéré* les choses, vous savez.

– Ecoutez, votre père *a raison.* L'agence est *florissante.* Nous avons beaucoup de *demandes*, surtout des personnes qui recherchent des *proches* qui ont *disparu.* Nous avons eu pendant longtemps beaucoup d'affaires de *divorce*, mais depuis la *nouvelle loi*, cela semble *moins bien marcher.* Vous allez avoir du travail et vous savez que votre père avait un deuxième employé. Vous vous *souvenez* du vieux monsieur toujours *enrhumé*?

– Oui, avec mon frère, on l'avait *surnommé* «*Goutte au nez*».

– Ah bon? En fait, il *s'appelait* Louis Durant. Il a *pris sa retraite* il y a six mois, je pense qu'il faut lui trouver un *remplaçant*, qu'en pensez-vous?

– Bonne idée. On va mettre une *annonce* dans le Petit Parisien...

glauben
übertreiben
Recht haben; blühen; Auftrag
Verwandte; verschwinden
Scheidung; neu
Gesetz; weniger gut laufen
sich erinnern
erkältet
Spitznamen geben
Tropfnase
heißen
in Pension gehen
Ersatz / Vertreter
Inserat

TEST 2: Geben Sie Anweisungen

Ersetzen Sie das kursiv Gedruckte durch die Objektspronomen.

le • la • les • lui

1. Ouvrez *la porte.*	Ouvrez-_____.
2. Demandez son nom *au visiteur.*	Demandez-_____ son nom.
3. Faites entrer le monsieur.	Faites-_____ entrer.
4. Offrez une chaise *à Monsieur.*	Offrez-_____ une chaise.
5. Apportez *les biscuits.*	Apportez-_____.
6. Prenons *l'apéritif.*	Prenons-_____.

Tout à coup, on *sonne*. Eric se lève immédiatement, *fait tomber* sa chaise et me regarde d'un air stupide. Je dis *brusquement:*	*plötzlich; läuten* *umstoßen* *barsch*
– *Allez donc voir!*	*Sehen Sie doch mal nach;*
Trois minutes plus tard, il *revient* et dit:	*zurückkommen*
– C'est un client.	
– *Décrivez*-le-moi.	*beschreiben*
– Il est bien *habillé*, mais il a l'air *étrange.*	*gekleidet; eigenartig*
– C'est un *étranger*?	*Ausländer*
– Non, non, mais il n'est pas très *distingué.*	*vornehm*
– Son nom? *Que veut-il?*	*Was will er?*
– *Je ne sais pas.* Il veut vous parler.	*ich weiß nicht*
– Alors, *faites-le entrer.*	*Lassen Sie ihn eintreten*
Je *remets un peu de rouge sur mes lèvres, tire* sur ma jupe un peu trop courte et prends *un air affairé.* Ce n'est pas parce qu'on a gagné au tiercé que je vais *refuser* des clients. En plus, je dois *prouver* à Eric que je suis capable de *diriger* l'agence avec autorité.	*die Lippen nachziehen; ziehen; beschäftigte Miene* *abweisen; beweisen* *leiten*

TEST 3: Mit Eric per Sie und per du – Ergänzen Sie!

	per Sie	per du
Gehen Sie!	*Allez-vous-en.*	________.
Gehen Sie nachsehen!	*Allez voir.*	________.
Sehen Sie doch nach!	*Allez donc voir.*	________.

TEST 4: Die rechte Form an den rechten Platz

beau • blanc • doux • neuf • nouveau

1. Jean ouvre la porte de sa ________ BMW ________.
2. Erica, sa ________ secrétaire ________, monte en voiture.
3. C'est une ________ blonde ________ aux yeux bleus.
4. Ses mains ________ sont ________ et délicates.

Eric sort, puis ouvre la porte et parle à un homme *invisible.*	*unsichtbar*
– Je *vous en prie,* monsieur, dit-il. Entrez.	*Bitte sehr!*
L'homme entre, *jette un regard circulaire.* Ses yeux	*rundum blicken*
s'arrêtent sur ma jupe. Il *s'avance* et demande, étonné:	*näher treten*
– C'est vous le détective privé?	
– *Moi-même.*	*persönlich*
– Ah, j'ai *lu* un autre nom sur la *plaque* et...	*lesen; Schild*
– Oui, mais j'ai *repris l'agence* depuis hier. Je lui *serre la main.* C'est une main *douce.*	*übernehmen; die Hand drücken; zart*
– Enchanté, dit-il, par *politesse.* Mon nom est Jacques Lacour.	*Höflichkeit*
– *Asseyez-vous* donc, lui dis-je avec un grand *sourire.*	*Nehmen Sie Platz; Lächeln*
Je suis Marie Paulard et voici mon *employé,* Eric Papin.	*Angestellter*

TEST 5: L'air... beschreibt das Aussehen

Es fehlen nur 1, 2 oder 3 Buchstaben. Welche?

1. Marie Paulard a _ air jeune.
2. Quand M. Lacour entre, elle prend _ _ air affairé.
3. M. Lacour a _ air étrange.
4. La détective parle à M. Lacour _ _ _ air sérieux.
5. Eric a raison: Lacour n'a _ air de rien.

Les Français en rient

– Docteur, je voudrais vivre vieux. Donnez-moi un conseil.
– C'est facile. Ne buvez plus d'alcool, ne fumez plus de cigarettes et ne courez plus les jeunes filles. Voilà tout.
– Et ça va prolonger ma vie? Vous êtes sûr, docteur?
– Mais oui, mon vieux. En tout cas, la vie vous semblera plus longue.

Il *prend place.* Eric *en fait autant* un peu plus loin.	*sich setzen; dem Beispiel folgen;*
Jacques Lacour est un petit homme *d'environ* 40 ans au teint *gris*, aux cheveux *poivre et sel* et aux *yeux* gris. Eric a raison: il *n'a l'air de rien.* Il porte un costume sombre, une *chemise* blanche et une cravate *à rayures. On dirait* un notaire ou un employé de bureau. Il me regarde d'un air sceptique et me dit *d'une voix mal assurée:*	*um die grau; (wie) Pfeffer und Salz; Augen; unscheinbar sein; Hemd gestreift; man könnte ihn halten für mit unsicherer Stimme*
– Alors, voilà *ce qui m'amène*: je suis *diamantaire* rue du Bac, numéro 6, 2e étage.	*was mich herführt Diamantenhändler*
Il me *tend* sa carte de visite avec ses *numéros de téléphone*, de fax et de *courrier électronique.*	*reichen; Telefonnummern; E-Mail*

TEST 6: Sprachfallen für Deutsche

1. Ich bin in meinem neuen *Büro.* Je suis dans mon __________ .
2. Ich sitze hinter meinem *Schreibtisch.*
   Je suis assis derrière mon __________ .
3. Lacour trägt *einen blauen Anzug.* Lacour porte ____ ______ _____ .

TEST 7: Zum Schluss: Setzen Sie die Adverbien ein

Je suis assise __________ mon bureau.	*hinter*
Eric se lève __________ .	*sofort*
Je dis __________ : Allez voir!	*barsch*
Je suis __________ excitée.	*so*

Les Français en rient

Toto rentre à la maison après se première journée à l'école primaire[1].

La maman: Alors Toto, tu as appris beaucoup de choses aujourd'hui?

Toto: Pas assez en tout cas[2], ils veulent que je retourne demain.

1 l'école primaire: die Grundschule – 2 en tout cas: auf jeden Fall

Die regelmäßigen Verben

	donn*er* geben	perd*re* verlieren	dorm*ir* schlafen	fin*ir* beenden
	Gegenwart	**Präsens**	**Présent**	
je	donn*e*	perd*s*	dor*s*	fini*s*
tu	donn*es*	perd*s*	dor*s*	fini*s*
il	donn*e*	perd	dor*t*	fini*t*
nous	donn*ons*	perd*ons*	dorm*ons*	finiss*ons*
vous	donn*ez*	perd*ez*	dorm*ez*	finiss*ez*
ils	donn*ent*	perd*ent*	dorm*ent*	finiss*ent*
	1. Vergangenheit	**Imperfekt**	**Imparfait**	
je	donn*ais*	perd*ais*	dorm*ais*	finiss*ais*
tu	donn*ais*	perd*ais*	dorm*ais*	finiss*ais*
il	donn*ait*	perd*ait*	dorm*ait*	finiss*ait*
nous	donn*ions*	perd*ions*	dorm*ions*	finiss*ions*
vous	donn*iez*	perd*iez*	dorm*iez*	finiss*iez*
ils	donn*aient*	perd*aient*	dorm*aient*	finiss*aient*
	1. Zukunft	**Futur I**	**Futur simple**	
je	donner*ai*	perdr*ai*	dormir*ai*	finir*ai*
tu	donner*as*	perdr*as*	dormir*as*	finir*as*
il	donner*a*	perdr*a*	dormir*a*	finir*a*
nous	donner*ons*	perdr*ons*	dormir*ons*	finir*ons*
vous	donner*ez*	perdr*ez*	dormir*ez*	finir*ez*
ils	donner*ont*	perdr*ont*	dormir*ont*	finir*ont*
	Möglichkeitsform	**Konditional**	**Conditionnel**	
je	donner*ais*	perdr*ais*	dormir*ais*	finir*ais*
tu	donner*ais*	perdr*ais*	dormir*ais*	finir*ais*
il	donner*ait*	perdr*ait*	dormir*ait*	finir*ait*
nous	donner*ions*	perdr*ions*	dormir*ions*	finir*ions*
vous	donner*iez*	perdr*iez*	dormir*iez*	finir*iez*
ils	donner*aient*	perdr*aient*	dormir*aient*	finir*aient*
	2. Vergangenheit	**Perfekt**	**Passé composé**	
	j'ai donné	tu as perdu	il a dormi	ils ont fini

2 *La mission*

Der Auftrag

Mon nouveau client me *semble* très nerveux. Il *se racle la gorge, hésite* une seconde et dit:

- *Vous vous occupez*... hum... de missions *confidentielles*, madame... euh... mademoiselle.
- Mademoiselle! Alors *qu'est-ce qui vous amène*? dis-je d'un air *sévère*.
- Excusez-moi. *Connaissez*-vous un marocain *du nom de* Yaya?
- Non, mais continuez, dis-je et je prends mon stylo pour *prendre des notes*.
- Alors voilà, ce Yaya *tient* un restaurant rue des Poissonniers.
- Je connais ce petit restaurant seulement *de l'extérieur*. La cuisine arabe, *ce n'est pas ma tasse de thé*. *En plus*, c'est un restaurant où une femme n'entre pas *sans être accompagnée d'un homme*.

scheinen; sich räuspern; zögern
sich kümmern; vertraulich
was führt Sie zu mir?; streng
kennen; namens
Notizen machen
führen / haben
von außen
das ist nicht mein Fall; ferner
ohne männliche Begleitung

Im BLICKPUNKT

	Schwerpunkt	Beispiel
1.	Über die Zukunft sprechen	On *va voir*; Que *vas*-tu *faire*?
2.	Fragen stellen	*Quel* est son nom?
3.	Objektsvertreter	je *le* vois; je *lui* demande

TEST 1: Mit *aller* + *Infinitiv* sagen Sie, was Sie vorhaben

1.	Wir geben dir das Geld morgen.	On ___ *te* ____ l'argent demain.
2.	Ich werde sehen, ob es möglich ist.	Je __________ si c'est possible.
3.	Bleibt er die ganze Nacht hier?	Il ___ y _______ toute la nuit?

Ma *remarque* un peu raciste le choque. Il me regarde d'un air si *réprobateur* que je *reprends.*	*Bemerkung* *vorwurfsvoll; fortfahren;*
– Non, je n'ai rien contre les marocain, *rassurez-vous,* c'est seulement que pour une femme, il y a toujours des problèmes…	*seien Sie unbesorgt*
Eric *intervient*:	*einschreiten*
– Marie, laissez-donc M. Lacour nous *raconter ce qui l'amène.*	*erzählen; was ihn herführt*
Je dois *me rattraper.*	*wieder gutmachen*
– Alors, M. Lacour, je vous *écoute.*	*zuhören*
– Eh bien voilà: pouvez-vous *prendre des renseignements* sur ce Yaya? C'est une histoire assez compliquée. C'est pour un ami. Son fils a des problèmes sentimentaux. *Il va sans dire* que vous devez être discrète.	*Auskünfte einholen* *es ist selbstverständlich*
– *Bien sûr,* bien sûr.	*gewiss*
– Je ne sais pas… peut-être ai-je *eu tort* de venir, dit-il et il fait mine de *se lever.*	*Unrecht haben* *aufstehen*
– Mais *non, racontez*-nous toute votre histoire *depuis le début.*	*erzählen; von Anfang an*

TEST 2: Die Frage mit *quel* – aber mit welchem?

quel • quelle • quels • quelles

1. ________ sont vos problèmes, monsieur Lacour?
2. ________ femmes fréquente ce Yaya?
3. Yaya habite ________ rue?
4. ________ est le nom de cette femme?

TEST 3: Wichtige Verben. Ergänzen Sie

	je -*s*	tu -*s*	il -t / -	nous -*ons*	vous -*ez*	ils -*ent*
tenir	_____	tiens	tient	________	ten*ez*	tien*nent*
prendre	_____	prends	prend_	________	pren*ez*	________

L'homme n'arrive pas à me *raconter* son histoire.	*erzählen*
– Ce que je sais, dit-il, c'est que Yaya a *entraîné* le fils de mon ami dans une *vilaine* affaire à cause d'une femme.	*hineinziehen* *schlimm / übel*
– Quel est le nom de cette femme?	
– Je ne *sais* pas...	*wissen*
J'*ai l'impression* qu'on va y passer la nuit si je ne *brusque* pas un peu l'affaire.	*den Eindruck haben; beschleunigen;*
– *Venez-en au fait*, s'il vous plaît.	*zur Sache kommen;*
– La femme est russe, je *crois*, enfin, je ne sais pas. Mon ami veut savoir si Yaya *fréquente* des Russes.	*glauben* *verkehren mit*
– Alors, je dois *mener mon enquête* sur Yaya, c'est ça?	*ermitteln / Recherche;*
– Exactement... *Acceptez*-vous, mademoiselle? Je *réfléchis* pour faire *plus sérieux* et je regarde Eric qui me *fait oui de la tête.*	*annehmen; nachdenken; ernster; zustimmend nicken*

TEST 4: Weitere wichtige Verben zu ergänzen

	je -*s*	tu -*s*	il -*t* / -	nous -*ons*	vous -*ez*	ils -*ent*
voir	_____	vois	voi*t*	_______	voy*ez*	_______
croire	_____	crois	croi*t*	_______	croy*ez*	_______

TEST 5: Übersetzen Sie

1. *prendre* des notes	Notizen ____________
2. *prendre* des renseignements	Auskünfte ____________
3. *prendre* un air sévère	ein ________ ________ ________

Les Français en rient

– Oh mon amour, dit le jeune homme, je veux vous épouser[1].

– Mais ..., répond la jeune fille, ... vous avez déjà parlé à mon père?

– Oui, je l'ai vu[2]. Mais je veux quand même[3] vous épouser.

1 heiraten 2 ich habe ihn gesehen 3 trotzdem

– Bien... j'accepte. Mais il y a des *risques*. Ces histoires avec la mafia russe, c'est très dangereux, alors vous comprenez, *je suis obligée* de vous demander un tarif spécial.

– *Dites un chiffre*, et je vais voir si...

– Une provision de 2000 euros me *semble raisonnable.*

Dans le regard d'Eric je *lis* de *l'incompréhension.* Pourquoi demander *tant d'argent alors qu'on* a gagné au tiercé?

– *Entendu*, dit Lacour, et il sort son portefeuille, l'ouvre et pose 1000 euros sur mon bureau. Je vais vous *donner* le reste *demain.* C'est *d'accord*?

– Tout à fait, répondons-nous *en chœur*, Eric et moi.

Eric sort un *contrat*, le *fait signer* par le client et *accompagne* Lacour à la porte.

Risiko
ich muss
eine Summe nennen
vernünftig erscheinen
lesen; Unverständnis; so viel Geld
wo wir doch
Einverstanden!
geben; morgen
einverstanden; im Chor; Vertrag; unterschreiben lassen
begleiten

TEST 6: Mme. Lacour interroge M. Lacour

Ersetzen Sie das kursiv Gedruckte durch die Objektsvertreter.

l' • la • le • les • lui • leur

1. Tu vas signer *ce contrat*?	Oui, je vais ______ signer.
2. Tu acceptes *leurs conditions*?	Oui, je ______ accepte.
3. Marie Paulard connaît *Yaya*?	Non, elle ne ______ connaît pas.
4. Tu as donné *un acompte*[1] à la détective?	Oui, je ______ ai donné un acompte de 1000 euros.
5. Tu vas montrer la photo *aux agents de police*?	Non, je ne vais pas ______ montrer la photo.

1 *verser / donner un acompte*: eine Anzahlung leisten

3 *Tâter le terrain*

Die Lage sondieren

– Merci d'être intervenu, Eric. J'ai *souvent* des réac-	*oft*
tions *spontanées* et je *manque de* psychologie.	*spontan; es fehlen*
Eric *sourit*, l'air *satisfait*. Je crois que j'ai *réussi* à m'en	*lächeln*
faire un *allié* et c'est un bon point pour moi. Et j'ai	*zufrieden; gelingen*
mon premier *contrat*. Je ne sais pas encore bien ce	*Verbündeter; Vertrag*
que veut ce M. Lacour, mais je suis très *contente*	*zufrieden*
d'avoir un client si *rapidement*. Tous les *débuts*	*schnell; Anfang*
sont difficiles, mais *grâce à* Eric, j'ai ma première	*dank*
enquête.	*Ermittlung*
– Eric, il nous faut trouver un *nouvel employé* et	*neu; Angestellter*
mettre une *petite annonce* aujourd'hui même	*Kleinanzeige*
dans le *journal*.	*Zeitung*
– D'accord, je *rédige* le texte et je le faxe aussitôt au journal.	*schreiben*
Après cela, nous sortons et comme je n'ai pas bien	
le *sens de l'orientation* et que Eric n'a pas pris son	*Orientierungssinn*
plan, il nous *faut demander notre chemin*.	*Karte; nach dem Weg fragen müssen*

Im BLICKPUNKT

Schwerpunkt	Beispiel
1. Über Vergangenes sprechen	Vous *avez réservé* une table?
2. Nein sagen	Je *n'*accepte *pas*, je *ne* fais *rien*.

TEST 1: Den Weg beschreiben

Welche Zahl gehört zu welchem Buchstaben?

A. ___ à droite **B.** ___ à gauche **C.** ___ tout droit

- Pardon, monsieur, la rue Balzac, s'il vous plaît?
- D'abord, vous allez (1) ↑. Puis, après le feu rouge, vous prenez la première rue (2) →. Continuez (3) ↑. A l'hôpital vous tournez (4) ←. Passez devant le cinéma, traversez le boulevard et vous y êtes.

- Pardon, monsieur, la rue des Poissonniers, s'il vous plaît?
- La rue des Poissonniers... Attendez, c'est dans *le XVIIIe*... Le plus simple, c'est de prendre le métro. Prenez *la première à gauche* et *au feu* vous tournez *à droite.* Il y a une station de métro. C'est *direct* jusqu'à Marcadet-Poissonniers, ça doit faire trois ou quatre stations.
- Merci bien, monsieur, dis-je.

18. Bezirk

die erste links; bei der Ampel; rechts ohne Umsteigen

La rue en question est bien là, parallèle à la rue Ordener et *pas loin de* la rue Clignancourt. Le restaurant *dont* m'a parlé Lacour s'appelle «Chez Yaya». C'est un restaurant *comme les autres*, très *propre* et très correct, *assez* chic. *Près de* la porte, le menu est *affiché* et je peux *lire* le nom du *propriétaire* «Yaya Benguigui – Cuisine du Maghreb». Nous entrons.

die gesuchte Straße nicht weit weg; von dem wie andere; sauber ziemlich; bei; aushängen; lesen; Eigentümer

- Pour deux personnes.
- Vous avez réservé? nous demande un garçon *très stylé.*
- Non.

mit perfektem Auftreten

TEST 2: Wichtige Verben. Ergänzen Sie

	je -*x*	tu -*x*	il -*t*	nous -*ons*	vous -*ez*	ils -*ent*
pouvoir	_____	peu*x*	peu*t*	________	pouv*ez*	______
vouloir	_____	veu*x*	veu*t*	________	voul*ez*	______

✪ Wir merken uns die Partizipien, die wir für das *Passé composé* brauchen: *pouvoir:* ***pu****; vouloir:* ***voulu****; tenir:* ***tenu****.*

Sprachfallen für Deutsche

le menu ist oft kein Menü, sondern die Speisekarte
tout droit aber: *la première rue à droit**e***
persil ist kein Waschmittel, sondern ein Küchenkraut

- *Patientez un instant* au bar, les messieurs-dames ont presque fini. *En attendant* je vous *propose* un apéritif? — *Gedulden Sie sich; inzwischen; vorschlagen*
- D'accord. Deux *verres* de Beaujolais. Pendant que nous *buvons* notre *apéro*, nous regardons *autour de* nous. La salle est *pleine*, il y a quelques touristes, des *étudiants* et des *gens* du quartier. — *Glas; trinken; Aperitif; um ...herum; voll; Studenten; Leute*

Les garçons, tous *impeccables* dans leurs vestes blanches, *vont et viennent* dans la salle. Près du bar, un grand type discute avec une belle jeune femme. C'est Yaya, son *employé* l'a *appelé* comme ça. Il a une *mine patibulaire*. Très brun, très grand, il porte une *épaisse moustache* et de grosses lunettes en *verre fumé* qui lui *cachent* les *yeux*. — *blitzsauber; hin und her laufen; Angestellter, nennen; Verbrechergesicht; dicker Schnurrbart; getönte Gläser; verbergen; Augen*

- Messieurs-dames, je vous en prie, dit le garçon; il nous *conduit* à notre table et nous donne les menus. — *führen*
- Oh, oh, *s'exclame* Eric, je n'y *comprends* rien. — *ausrufen; verstehen*
- Pas de panique, *mon vieux*! On va se *renseigner*. — *mein Alter; sich erkundigen*

TEST 3: Erinnern Sie sich noch an das *Passé composé*?

Tout à coup, on a sonné. Eric a regardé autour de lui d'un air stupide. J'ai dit: Allez donc voir. Eric est sorti. Trois minutes plus tard, Eric est revenu avec mon premier client.

1. Unterstreichen Sie die Formen des *Passé composé.*
2. Wie wird das *Passé composé* gebildet?
3. Wie wird es gebraucht?
4. Eric *est* tombé... aber: il *a* regardé... Wissen Sie warum?

– Garçon, s'il vous plaît. *Qu'est-ce que c'est* que le kefte?	*Was ist das?*
– Ce sont des *brochettes* de *viande hachée* au *persil,* madame.	*Spieß; Hackfleisch Petersilie*
– Et le falafel?	
– Une purée de *fèves* et de *pois chiches.*	*Bohnen; Kicher-*
– Alors pour moi *en entrée* un falafel et comme *plat principal* un kefte.	*erbsen; als Vorspeise Hauptgericht*
– Pour moi aussi, *s'empresse de* dire Eric.	*sich beeilen*
– Et comme *boisson*? demande le garçon.	*Getränk*
– Une *bouteille* de Beaujolais et une carafe *d'eau,* s'il vous plaît.	*Flasche; Wasser*
L'ambiance est bonne et la qualité des *plats* est excellente, *pourtant* je *ne me sens pas très à l'aise.* Je peux *me tromper* mais j'ai l'impression que Yaya et la belle blonde nous *jettent,* de temps en temps, des *regards bizarres.* Est-ce que Yaya *soupçonne* déjà quelque chose?	*Stimmung; Speisen dennoch; sich unwohl fühlen; sich täuschen; zuwerfen Blicke; eigenartig argwöhnen*

TEST 4: «Nein» sagen: Wohin mit dem zweiten Teil?

jamais • pas • personne • rien

Tu as réservé?	Non, je *n'*ai _____ réservé.
Tu veux boire *quelque chose*?	Non, je *ne* veux _____ boire.
Tu vois *ces femmes* là-bas?	Non, je *ne* vois _____.
Tu manges *souvent* du kefte?	Non, je *ne* mange _____ de kefte.

Les Français en rient

Si les femmes *ne* commettaient *pas* d'erreurs[1],
les hommes seraient tous célibataires[2].

Entre Adam et Eve, la conversation était parfois difficile:
ils *ne* pouvaient parler de *personne.*

1 Fehler machen 2 Junggeselle

Die Entdeckung

4 *La découverte*

Tout est très bon, et nous finissons par un *délicieux*	*köstlich*
dessert. Mais j'ai toujours l'impression que Yaya	
nous *observe* dans le *miroir* au-dessus du bar.	*beobachten; Spiegel*
– *L'addition* s'il vous plaît!	*Rechnung*
Le garçon arrive, je lui donne ma carte de crédit.	
Puis Eric *allume* une cigarette. Il est *temps* pour moi	*anzünden; Zeit*
de passer à l'action. Je me lève et *me dirige vers* les toi-	*zur Tat zu schrei-*
lettes.	*ten; zusteuern auf*
Je *passe devant* Yaya toujours en grande discussion	*vorbeigehen an*
avec une belle dame, une *étrangère, d'après* son accent.	*Ausländerin; nach*
Est-ce la Russe *dont* mon client parlait?	*von der*
A côté des toilettes, c'est *la cuisine* et *un peu plus loin*	*neben; Küche; wei-*
sur la gauche, il y a une porte marquée «Privé –	*ter links; Eintritt*
défense d'entrer».	*verboten*
Je *pousse* cette porte, elle s'ouvre, j'entre et	*aufstoßen*
j'allume la *lumière.* Je suis *en face* d'un *escalier.* Je	*Licht; vor; Treppe*
grimpe l'escalier et j'arrive dans une *pièce encombrée*	*klettern; Raum*
de tout un *tas d'ordinateurs* et de téléviseurs.	*voll gestopft; Hau-*
Que peut bien *fabriquer* Yaya avec ça?	*fen; Computer*
	anfangen mit

Im BLICKPUNKT

Schwerpunkt	Beispiel
1. Reflexive Verben	Je *me dirige* vers les toilettes.
2. Relativsatz	C'est la Russe *dont* mon client parlait.

TEST 1: Wörter, die auf die Frage «wo?» antworten

1. Je me dirige _______ les toilettes.	in Richtung auf
2. Je passe _______ Yaya.	an ... vorbei
3. La cuisine est ___ _______ __ toilettes.	neben
4. _______ *la gauche*, il y a une porte.	auf der linken Seite
5. Je suis __ _____ d'un escalier.	gegenüber / vor
6. J'arrive ______ une pièce.	in

Je *fouille* la pièce et des cartes jaunes *attirent mon regard.* Elles sont écrites en russe. Je ne comprends pas le russe, mais ça me semble intéressant et je les *glisse dans ma poche.* Je continue de *me promener* dans ce qui doit être l'appartement de Yaya. Je *tends l'oreille* – pas un *bruit.* Ça va. Je continue. Il y a une porte devant moi. Je l'ouvre.	*durchsuchen; den Blick auf sich ziehen* *in die Tasche stecken* *herumspazieren; Ohren spitzen; Geräusch*
Alors un homme *apparaît,* telle une statue. Un *sourire méchant* sur les *lèvres.* C'est Yaya.	*auftauchen; bösartiges Lächeln, Lippe*
– Vous avez trouvé? *dit*-il sans accent.	*sagen*
– *Je n'ai rien cherché.*	*ich habe nichts gesucht;*
Je vois *tout à coup* le revolver qu'il tient à la main et je commence à *transpirer.* Zut! Heureusement que je suis *ceinture noire* de jujitsu. Je lui *envoie un coup de savate* qui le *désarme* et un autre qui le met K.O. et je *me sauve* à toute vitesse. J'ouvre la première porte qui se présente à moi et je *pénètre* dans une pièce transformée en *dortoir.*	*plötzlich* *schwitzen* *schwarzer Gürtel* *Fußtritt versetzen; entwaffnen; fliehen* *hineingehen* *Schlafsaal*

TEST 2: Setzen Sie die Sätze in den Plural

1. Je *me lève.*	Nous ______ ______.
2. Tu *te diriges* vers la porte.	Vous ______ ______ vers la porte.
3. Elle *s'arrête* devant l'escalier.	Elles __ ______ devant l'escalier.

TEST 3: Setzen Sie die Sätze ins *Passé composé*

1. Une lampe *s'allume.*	Une lampe ______________.
2. Nous *nous levons.*	Nous ______________.
3. Elle *se lave* les mains.	Elle ______________ les mains.

Les Français en rient

Ce que j'adore chez Paul, dit Anne à sa mère, c'est qu'il a les yeux bleus de sa mère et l'Alfa Romeo de son père.

Il y a des *lits partout*, des *valises à moitié ouvertes* et aussi une grande *armoire*. Comme Yaya n'a pas l'air de me *suivre*, j'ouvre l'armoire et la *referme* aussitôt. La découverte est tellement *affreuse* que je *pars en courant*. Je cours sans plus *noter* aucun détail. J'arrive dans le restaurant, *bouscule* un garçon et *m'aperçois* qu'Eric n'est plus à notre table. Quand j'arrive *dehors*, une voiture *s'arrête* le long du trottoir. Ouf! C'est Eric.

- Des problèmes?
- Un peu, *filons.*
- Vous n'êtes pas assez *prudente.* Quand vous êtes allée aux toilettes, *j'ai vu* une petite lampe qui *s'allumait au-dessus* du bar et Yaya a tout de suite *cessé* sa discussion avec la belle dame pour aller voir pourquoi la lumière s'était allumée. J'ai pensé que *je vous serais plus utile* dehors que dedans. *Que s'est-il passé*?
- Rentrons au bureau. Je *vais vous raconter* cela là-bas. C'est terrible, *si vous saviez*!

Bett; überall; Koffer
halb offen; Schrank
folgen; schließen
schrecklich; weglaufen; beachten
wegstoßen
bemerken
draußen; anhalten
abhauen
vorsichtig
ich habe gesehen
aufleuchten; über
beenden
ich wäre nützlicher
Was ist passiert?
ich werde erzählen
wenn Sie wüssten

TEST 4: Wie bildet man das *Imparfait*?

Nimm die 1. Person Plural:	pren*ons*	av*ons*	dis*ons*
Streiche die Endung *-ons*:	______	______	______
Füge die Endungen an:	je ______	il ______	vous ______

je *-ais*	tu *-ais*	il *-ait*	nous *-ions*	vous *-iez*	ils *-aient*

Das *Passé composé* steht für abgeschlossene Handlungen, das *Imparfait* für Begleitumstände. Testfrage: Was war schon / noch?

Setzen Sie die Verben in Klammern in die richtige Form:

– Vous (réserver) une table? demande le garçon.

– *Non, je* (penser) *qu'il y* (avoir) de la place, répond Marie.

Je ne sais pas pourquoi, mais je n'ai pas le *courage* de lui parler de ce que j'ai vu dans l'armoire.	*Mut*
– Et alors, dit Eric, *lorsque* je lui ai *presque* tout raconté. Je lui montre les cartes mystérieuses trouvées chez Yaya.	*als; fast*
J'en ai plusieurs dans les poches de mon jean et je lui en donne une.	*ich habe mehrere*
– Mais c'est en russe! *s'écrie*-t-il.	*ausrufen*
– Eh bien oui, dis-je, mais vous *connaissez*	*kennen*
quelqu'un qui parle cette langue, je *crois.*	*glauben*
Il *donne un coup de fil* sur son *portable* et sort. Une	*anrufen; Handy*
heure *plus tard* il revient et me montre une *traduction* de la carte:	*später; Überset-zung*
La place rouge – 3, rue Lepic	
Les filles *les plus belles* et	*die schönsten*
les plus *dociles* de toute la ville	*die willigsten*

TEST 5: Wohin gehören die Relativpronomen?

qui • à qui • que • dont

1. La femme _______ Yaya parle est très belle.
2. C'est la Russe _______ mon client a parlé.
3. Je vois le revolver _______ Yaya tient à la main.
4. Je lui envoie un coup de pied _______ le désarme.

Les Français en rient

Un théologue est un aveugle[1] *qui*, dans une pièce[2] noire, cherche un chat[3] noir *qui* n'y est pas – et *qu*'il finit par trouver[4].

Un général très amoureux va chez son adjudant *dont* il aime la fille et lui dit: Euh... donnez-moi la main de votre fille! C'est un ordre[5]!

1 Blinde(r) 2 Zimmer 3 Katze 4 die er schließlich findet 5 Befehl

Blitzbesuch in Lyon

5 *Visite éclair à Lyon*

Je regarde une des cartes jaunes et demande *innocemment:*	*unschuldig*
– Les filles les plus belles et les plus dociles de toute la ville? Qu'est-ce que ça veut dire?	
– C'est clair: une *maison de passe.*	*Stundenhotel*
– Vous voulez dire une sorte de... bordel?	
– *Bien entendu.* M'avez-vous tout raconté, Marie?	*selbstverständlich*
J'hésite un moment.	*ich zögere*
– Eh bien, j'ai *découvert* une armoire.	*entdecken*
– Une *armoire*!!??	*Schrank*
– Oui, et dans cette armoire, il y avait une blonde, *complètement nue* et...	*vollständig nackt*
– Et? me *presse* Eric.	*drängen*
– Et *morte.*	*tot*
– Il faut *prévenir* la police, me dit Eric. C'est sûrement	*verständigen*
un *trafic de* jeunes femmes.	*Handel mit...*
Le lendemain, je me *réveille* assez tard. J'achète les journaux. La police est allée rue des Poissonniers,	*aufwachen*
mais n'a rien trouvé. *Ni* cadavre, *ni* dortoir. Quant à	*weder noch*
Yaya, il s'est *envolé.*	*ausfliegen*

Auf einen BLICK

Beispiel	présent steht, wenn...
1. Französisch für die Reise	Un aller et retour pour Lyon, s.v.p.
2. Bildung des Adverbs	Bien entendu *aber* bon voyage

TEST 1: Bilden Sie Adverbien der Art und Weise

Adjektiv	Weibliche Form + *ment*	
heureux, *se*	Heureu*sement*	Adverbien sind unveränderlich. Sie bestimmen Verben und Sätze näher.
complet, *ète*	__________	
tranquille	__________	

– Alors, on arrête tout? dit Eric un peu *déçu.*	*enttäuscht*
– *Pas du tout.* J'ai mon enquête à faire sur ce Yaya et	*keineswegs*
je vais le *retrouver.* Je vais aller voir quelqu'un en	*wiederfinden*
province, un *ancien* ami de lycée. Il habite à Lyon.	*ehemalig*
C'est un vrai spécialiste *en ce qui concerne* les *réseaux*	*was ... anbelangt*
criminels. Je pars *demain.*	*Netzwerk; morgen*
Quelques minutes *plus tard,* le téléphone sonne. Eric	*später*
décroche et met le *haut-parleur* pour me faire	*Lautsprecher*
entendre la conversation.	
– Allô, bonjour, j'ai lu votre petite annonce et votre	
offre d'emploi m'intéresse.	*Stellenangebot*
– Vous pouvez venir à l'agence, *disons aujourd'hui?*	*sagen wir heute*
– Oui, j'ai le temps, je suis *au chômage* depuis trois	*arbeitslos*
mois.	
– Bon, quel est votre nom?	
– Je m'appelle Lucien Combe et j'ai vingt-cinq ans.	
Eric note l'adresse de ce monsieur et nous l'*attendons.*	*warten*

TEST 2: Noch mehr Adverbien

Un brave homme est assis (*ruhig*) chez le coiffeur. Celui-ci rase[1] si (*schlecht*) que le client est coupé[2] trois fois. Alors le client perd patience et demande (*ironisch*) au coiffeur:

– Donnez-moi (*sofort*) un rasoir[3]. Je veux me défendre[4].

Außenseiter auf *-emment*, *-ammant* und Vokal

Adjektiv	Adverb	
bruy*ant*	______________	Man ersetzt ***-ent*** / ***- ant*** durch ***-emment*** / ***-amment.***
innoc*ent*	______________	
absol*u*	______________	An das männliche Adjektiv auf
vra*i*	______________	Vokal hängt man ***-ment***

1 rasieren 2 schneiden 3 Rasiermesser 4 verteidigen

Un peu plus tard, on sonne et Eric va ouvrir. Devant	
la porte il y a un type bizarre. Il est très *maigre*, il a un	*mager*
air *hagard* et les cheveux *ébouriffés*, en plus il *sent*	*verstört; zerzaust*
l'alcool à plein nez.	*eine Fahne haben*
– Bonjour, monsieur, lui dis-je, sans lui *tendre* la main.	*reichen; ist ein*
– Tiens une bonne femme détective privée, *elle est*	*guter Witz; aus-*
bonne celle-là! s'exclame-t-il de façon très *grossière.*	*rufen; ungehobelt*
– Oui, c'est moi le chef, monsieur! Je vous prie de	
prendre tout de suite *la porte* et de ne plus *remettre*	*verschwinden; zu-*
les pieds ici!	*rückkommen*
Eric l'*attrape par* un bras et le *jette dehors.*	*packen; rauswerfen*
– Bravo Eric! Eh bien, ce n'était pas le bon candidat,	
dites-moi...	*sagen Sie mir*
– Non, mais je pense que ce n'est pas si *facile* de	*leicht*
trouver un bon détective, me répond Eric tout *fier.*	*stolz*

TEST 3: Fragen an den Kandidaten

1. *Wie alt sind Sie?* ______________________
2. *Wer war Ihr letzter Arbeitgeber?* ______________________
3. *Warum haben Sie gekündigt?* ______________________
4. *Was interessiert Sie an der Stelle?* ______________________

Les Français en rient

On sonne, Eric va ouvrir la porte. Un gros monsieur se présente:

– J'ai lu votre petite annonce et votre offre d'emploi m'intéresse. Je suis Gérard Départout. J'ai une femme et quatorze enfants. Eric répond:
– Oui. Mais qu'est-ce que vous savez faire d'autre[1]?

1 Was können Sie außerdem noch?

Après cet *incident* assez décevant, nous *nous penchons sur* notre enquête.	*Ereignis; sich beschäftigen mit*
– Eric, je vais demain à Lyon. Pierre est *d'origine russe* et a travaillé longtemps dans les brigades spécialisées de *trafic d'êtres humains*. Vous, vous restez ici pour *recevoir* nos candidats détectives, pendant que moi, à Lyon, je vais *tirer les vers du nez* de mon ancien copain de lycée. Je vais prendre le train *demain matin*.	*aus Russland*; *Menschenhandel*; *empfangen*; *Würmer aus der Nase ziehen*; *morgen früh*
– *A vos ordres*, patron, me répond Eric, *mi-figue mi-raisin*.	*zu Befehl; wenig begeistert*
Me voilà à la *gare*. Au *guichet*.	*Bahnhof; Schalter*
– Un *aller et retour* pour Lyon, s'il vous plaît.	*Rückfahrkarte*
– *Première?* demande-t-il.	*1. Klasse*
– Non, *seconde*.	*2. Klasse*
– Fumeur ou *non fumeur*?	*Nichtraucher*
– Non fumeur, s'il vous plaît.	
– *Côté fenêtre* ou *couloir*?	*Fensterplatz; Gang*
– Fenêtre.	
– Cela fait 164 euros, vous avez *la carte Escapades*?	*Bahnkarte*

TEST 4: Wortpaare: Wie heißt der Partner?

1. Vous désirez un *aller* ou un ____________________?
2. Vous voyagez en *première* ou en ____________________?
3. *Fumeur* ou ____________________?
4. Une place *côté fenêtre* ou ____________________?
5. Cette place est *occupée* ou ____________________?
6. Le train arrive-t-il *à l'heure* ou a-t-il du ____________________?
7. Marie *monte* dans le train à Paris et elle ____________________ à Lyon.

– Non, pourquoi?	
– Parce qu'il y a 25 % de *réduction.*	*Ermäßigung*
– *Tant pis.*	*egal*
Je lui *tends* 200 euros et je pars.	*reichen*
– Mademoiselle, votre *monnaie*, fait-il *sur un ton de professeur.*	*Wechselgeld; lehrerhaft*
Je prends mon argent et mon billet et *m'éloigne*	*sich entfernen*
*alors qu'*il me crie:	*als*
– N'oubliez pas de *composter* votre billet.	*entwerten*
Encore un qui me *prend pour* une idiote.	*halten für*
Ce n'est pas toujours facile d'être une femme! Je m'installe dans un *compartiment* libre et essaie de dormir un peu. Tout à coup:	*Abteil*
– *Contrôle des billets.*	*Fahrkartenkontrolle*
– Mademoiselle, votre billet, s'il vous plaît.	
Je *fouille* dans mon sac et après quelques secondes	*wühlen*
de panique je *retrouve* enfin le billet que le con-	*wiederfinden*
trôleur me *rend* en me disant:	*zurückgeben*
– Merci et *bon voyage.*	*gute Reise*

TEST 5: Mit dem treffenden Wort zum richtigen Zug

arriver • changer • correspondance • direct
interrompre • partir • passer • quai • retard • s'arrêter

Einen direkten Zug nach X, bitte.	Un train __________ pour X, s.v.p.
Wann geht ein Zug nach X?	Quand __________ un train pour X?
Wann kommt er in X an?	Quand __________-t-il à X?
Von welchem Bahnsteig fährt der Zug nach X?	De quel __________ part le train pour X?
Muss ich umsteigen?	Faut-il __________ de train?
Gibt es einen Anschluss nach X?	Il y a une __________ pour X?
Kann ich die Fahrt unterbrechen?	Je peux __________ le voyage?
Hält dieser Zug in X?	Ce train __________ -t-il à X?
Fährt dieser Zug über Y?	Ce train __________ -t-il par Y?
Hat er Verspätung? Wie viel?	Il a du __________? Combien?

«Lyon Perrache, Lyon Perrache. Trois minutes d'*arrêt.*»	*Aufenthalt*
Le train s'arrête. Je *descends.* Je consulte mon plan pour aller dans le *quartier* Saint-Jean. *Il pleut. Le mieux est de* prendre un taxi.	*aussteigen* *Viertel; es regnet* *das Beste ist*
– Monsieur, vous êtes *libre*? dis-je au premier chauffeur qui attend devant la gare.	*frei*
– Oui, ma petite dame, *pour vous servir.*	*was kann ich für Sie tun?;*
– Je *dois* aller dans le quartier Saint-Jean dans un hôtel qui *s'appelle* «Au Vieux Lyon».	*müssen* *heißen*
– Je *connais*, dit-il. *Montez.*	*kennen; einsteigen*
Lyon est une bien jolie ville, je *revois* avec plaisir le Rhône, ses quais, la place Bellecour et la basilique de Fourvière qui *domine* la ville. Au bout d'un bon *quart d'heure*, nous arrivons dans un quartier aux petites *ruelles, bordées* de bistrots et de boutiques de souvenirs.	*wiedersehen* *beherrschen; Viertelstunde* *Gassen; umsäumt*
– Voilà, votre hôtel est *à deux pas*, dit le chauffeur et me tend ma *valise.* Bon *séjour.*	*Katzensprung* *Koffer; Aufenthalt*
Je paie le prix de la *course* et je marche avec difficulté. Pourquoi ai-je *mis* des chaussures à *talons* pour marcher sur les *pavés* du vieux quartier? Et ma valise est si *lourde*. J'*emporte* toujours trop de *vêtements*!	*Fahrt* *anziehen; Absatz* *Pflaster* *schwer; mitnehmen; Kleider*

TEST 6: Für die Reise fehlen noch Buchstaben

1. *Eine Fahrkarte nach X, bitte.*	Un _ *i* _ _ *e* _ pour X s'il vous plaît.
2. *Sie brauchen einen Zuschlag.*	Il vous faut un *s* _ *ppl* _ *m* _ *nt.*
3. *Wie viel macht das?*	Ça *c* _ *û* _ *e* combien?
4. *Wo sind wir jetzt?*	_ _ sommes nous *m* _ _ *nt* _ *n* _ *nt*
5. *Wie lange haben wir hier Aufenthalt?*	_ *o* _ _ *ie* _ de temps le train s'*a* _ _ *ê* _ *e*-t-il ici?
6. *Werde ich meinen Anschluss nach X erreichen?*	J'aurai ma *c* _ *rr* _ *sp* _ *nd* _ *nc* _ pour X?

6 *Rien n'est parfait*

Nichts ist perfekt

L'hôtel «Au Vieux Lyon» est un petit hôtel *deux étoiles* qui semble très propre. J'entre. Sur le *comptoir*, il y a une *sonnette*. Je sonne. Une femme *d'une cinquantaine* d'années *apparaît* alors.

- Bonjour, madame.
- Bonjour. Je voudrais une chambre, s'il vous plaît.
- Oui, une seconde.
  Elle consulte son *registre* et me demande:
- Une chambre pour une personne?
- Oui, avec un *grand lit*, s'il vous plaît.
- Avec *bain* ou douche?
- Je *préfère* avec douche.
- J'en ai une très *calme* à 80 euros au deuxième *étage*.
- Oui, d'accord. Et le *petit déjeuner*?
- C'est 8 euros, servi dans la petite salle *en bas*, entre 7 heures et 9 h 30. Voilà, c'est la 14, dit-elle en me donnant ma *clé* et *en ajoutant*: Mais *l'ascenseur* est en panne.

zwei Sterne
Theke
Klingel; um die 50
auftauchen
Gästebuch
Doppelbett
Bad
vorziehen
ruhig; Stockwerk
Frühstück
unten
Schlüssel; hinzufügen; Aufzug

Auf einen BLICK

	Schwerpunkt	Beispiel
1.	Das Gerund[1]	C'est la 5, dit-elle *en* me *donnant* ma clé.
2.	Französisch im Hotel	Dois-je remplir une fiche?
3.	Kleider kaufen	Je voudrais essayer cette jupe.

TEST 1: Korrigieren Sie das Buchstabenchaos

1.	*Ein Doppelzimmer, bitte.*	Une chambre *debolu*, s.v.p.
2.	*Mit Bad oder Dusche?*	Avec bain ou *educho*?
3.	*Für wie viele Nächte?*	Pour combien de *suint*?
4.	*Ist das Frühstück mit im Preis?*	Le petit déjeuner est *corsimp*?
5.	*Füllen Sie die Anmeldung aus.*	Remplissez la *hefic*, s.v.p.

1 Siehe auch S. 126

Je *monte* donc les escaliers avec ma valise qui est toujours aussi *lourde* et je *regrette* de ne pas être descendue dans un hôtel plus grand, avec *porteurs*, etc. Arrivée dans ma chambre, je prends mon *portable* pour reprendre contact avec mon *ancien copain de lycée*, Pierrot.

- Salut, Pierrot, c'est moi, Marie-Dominique. Tu *te souviens* de moi?
- Mais bien sûr. *Qu'est-ce qui t'amène* dans notre belle ville de Lyon?
- *J'ai besoin de renseignements* sur la *filière* russe en France.
- Oh! Oh! Tu *écris* un article pour un *journal*?
- Non, je fais une *enquête*. Je suis... détective privée.

Grand *silence* au bout de la ligne. Puis, un *éclat de rire*.
- Toi, la *douce* petite Marie détective privée? *Je n'y crois pas!* s'exclame-t-il.
- *Arrête de rire*, c'est très sérieux. Dis-moi plutôt où te *retrouver* pour discuter, dis-je *sèchement*.

Après quelques excuses de Pierrot, *nous prenons rendez-vous* pour le déjeuner.

nach oben gehen
schwer; bereuen
Gepäckträger
Handy
ehemalig; Schulfreund
sich erinnern
was führt dich her?
Auskünfte brauchen; Netz
schreiben; Zeitung
Ermittlung
Stille; Gelächter
sanft / süß; ich glaub's nicht!
hör auf zu lachen
finden; trocken
Entschuldigung
sich verabreden

TEST 2: Ergänzen Sie die Reklamationen

bouché • chasse • chaude • goutter • fonctionner • manquer

1. *Es fehlen Handtücher.*	Il ________ des serviettes.
2. *Es gibt kein warmes Wasser.*	Il n'y a pas d'eau ________.
3. *Die Heizung funktioniert nicht*	Le chauffage ne ________ pas.
4. *Die Klospülung ist kaputt.*	La ______ d'eau ne marche pas.
5. *Der Hahn tropft.*	Le robinet ________.
6. *Das Klo ist verstopft.*	Le WC est ________.

J'ai le temps de prendre une douche et de me faire belle. Pierrot est un grand *séducteur.*	*Verführer*
En entrant dans la douche, j'ouvre le *robinet* d'eau chaude. L'eau est *glacée* et il n'y a pas de *serviette.*	*Hahn*; *eiskalt; Handtuch;*
Comme il n'y a pas de téléphone, je dois *me rhabiller* et *descendre* à la réception.	*sich wieder anziehen; runtergehen*
– Madame, il n'y a plus d'eau chaude et je n'ai pas de serviette, c'est très *embêtant.*	*ärgerlich*
– Une seconde, j'*envoie* la femme de chambre et mon mari va *s'occuper de* l'eau chaude. *Je suis* vraiment *désolée,* c'est la première fois que cela arrive.	*schicken*; *sich kümmern um; es tut mir Leid;*
– Oui, *c'est énervant.* En plus, je suis pressée. J'ai un rendez-vous *à midi* place Bellecour...	*nervtötend*; *um 12 Uhr mittags*
– Attendez, j'ai une idée. Je vous donne une autre chambre si vous voulez. Prenez la 4, *elle vient d'être faite* et tout est en ordre.	*es wurde soeben gemacht*

Das Gerund ist typisch französisch

1. Pers. Plural	*-ons* streichen	*-ant* anhängen	***en* voranstellen**
nous pren**ons**	pren-	pren***ant***	***en*** pren***ant***

Das Gerund verbindet zwei Hauptsätze mit gleichem Subjekt.

Votre chambre, c'est la 14, dit-elle *et* me *donne* ma clé.
Votre chambre, c'est la 14, dit-elle *en* me *donnant* ma clé.

TEST 3: Sagen Sie es mit Gerund

1. Le contrôleur me rend mon billet *et il me dit*: Bon voyage.

2. Tout le monde peut se tromper[1], dit le hérisson[2] *et descend* de la brosse à cheveux[3].

3. L'armée suisse n'a plus de régiment de parachutistes[4]: Les soldats n'arrivent pas à *sauter*[5] du train[6] et à ouvrir leurs parachutes.

1 sich täuschen 2 Igel 3 Haarbürste 4 Fallschirmspringer 5 springen 6 Zug

Heureusement, je n'ai pas encore *défait* mes *bagages.* Il faut encore *traîner* ma valise dans les couloirs, mais dans la chambre 4, tout *marche* parfaitement et je peux enfin *me rafraîchir.*
Une fois douchée et *maquillée*, je me sens mieux et je pars à la *découverte* de Lyon en *flânant.*
Je passe devant de très jolies boutiques et comme j'ai encore une demi-heure devant moi, j'entre dans un *magasin de chaussures.*

Koffer auspacken
schleppen
funktionieren
sich frisch machen
schminken
Entdeckung; bummeln
Schuhgeschäft

– Bonjour, mademoiselle. Vous *désirez*?
– Bonjour, madame. Je voudrais *essayer* les chaussures noires qui sont *en vitrine.*
– *Vous faites du combien?*
– Du 37.
– *Asseyez-vous*, je vous en prie. Je vous les *apporte* tout de suite. ... Alors, *vous vous sentez bien* dedans?
– Elles sont parfaites, dis-je en marchant devant *une glace.* Je les prends. Ça fait combien?
– 80 euros.
– Voilà, madame.
– Merci, mademoiselle et *bonne journée*!

wünschen
anprobieren
im Schaufenster
Welche Schuhgröße haben Sie?
sich setzen; bringen; sich wohl fühlen; Spiegel
einen schönen Tag

TEST 4: Kleider kaufen – Versuchen Sie's

1. *Wie viel kostet das Hemd?*	Elle ________ cette chemise?
2. *Könnte ich es anprobieren?*	Je pourrais l' ________?
3. *Das passt mir nicht.*	Ça ne me ________ pas.
4. *Kann es geändert werden?*	On peut ________ des retouches?

TEST 5: Finden Sie das passende Gegenteil

court • étroit • grand • large • long

	zu klein	zu groß
1. Hut	Le chapeau es trop *petit.*	Il est trop ________.
2. Stiefel	Les bottes sont trop *étroites.*	Elles sont trop ________.
3. Rock	La jupe est trop *courte.*	Elle est trop ________.

7 *Pierrot le pro*

Pierrot der Profi

Plus tard, je *retrouve* Pierre Gache devant un petit restaurant rue des Remparts d'Ainay *à deux pas* de la place Bellecour. On se regarde quelques secondes, on se fait *la bise*, on se congratule sur *notre bonne mine*, enfin on entre.

- C'est une bonne adresse, dit Pierrot. Ils ont deux *fourchettes* au Guide Michelin[1].
  Un garçon nous *accueille* à la porte.
- Vous avez réservé, messieurs-dames?
- Oui, une table pour deux, *au nom de* Gache, Pierre Gache, dit Pierrot d'un ton *solennel.*
- *Suivez-moi*, dit le garçon.
- Tu vas voir. A Lyon, on mange bien. C'est la capitale de la gastronomie, me *confie* Pierrot. Et il y a une *superbe* carte des vins.

Le *patron, tablier noué autour de la taille*, fait la cuisine. Sa femme est derrière le comptoir. Sur la carte qu'un sympathique garçon nous présente, il y a des spécialités lyonnaises. *En entrée*, il y a des *quenelles de brochet*, des *oreilles de porc* grillées ou une salade lyonnaise.

treffen
unweit
Küsschen; gutes Aussehen
Gabel
empfangen
auf den Namen
feierlich
Folgen Sie mir
anvertrauen
ausgezeichnet
Besitzer; Handtuch umgeknotet
als Vorspeise
Hechtklößchen
Schweinsohren

Auf einen BLICK

Schwerpunkt	Beispiel
1. Reflexive Verben	*Ils se sont arrêtés.*
2. Französisch im Restaurant	L'addition, s'il vous plaît.

TEST 1: Setzen Sie ins Passé composé

1. Je *m'arrête.*	Je *me suis arrêté(e).*
2. Ils *se font* la bise.	Ils ______________ la bise.
3. Ils *se regardent.*	Ils ______________.
4. Nous *nous congratulons.*	Nous ______________.

1 Der bekannte Gourmetführer zeichnet Restaurants mit Gabeln aus.

– Qu'est-ce que tu prends? me demande Pierrot. Moi, c'est simple. Je prends des oreilles de porc grillées en entrée, un *saucisson* chaud comme *plat principal*, le tout *arrosé* d'une bouteille de Beaujolais.	*Wurst; Hauptspeise; begießen*
– *Vous avez fait votre choix?*	*Haben Sie gewählt?*
– Pour moi, une salade lyonnaise, et comme plat principal une *côte de veau aux morilles*. Et apportez-moi une bouteille d'eau minérale *gazeuse*, s'il vous plaît.	*Kalbskotelett mit Morcheln* *mit Kohlensäure*
Pierrot ne fait pas de commentaire, mais me *verse d'office* un verre de Beaujolais. Autour de nous, il y a des tonneaux *sur lesquels* on a mis des *nappes* et les clients *pressés* peuvent y prendre une *tartine de pâté* et un verre de vin rouge. *L'ambiance* est sympathique.	*eingießen; ungefragt* *auf die...; Tischtuch; eilig; Brot mit Pastete; Atmosphäre*
– Alors, parle-moi de ton enquête, dit Pierrot, en *croquant* une oreille de cochon.	*knabbern*
Et je lui raconte toute *l'histoire* et lui montre une des *fameuses* cartes trouvées chez Yaya. Il la regarde avec *mépris*.	*Geschichte* *berühmt* *Verachtung*

TEST 2: Kombinieren Sie Gänge und Gerichte

1. hors-d'œuvre	**A.** tarte au citron
2. entrée	**B.** bœuf bourguignon
3. plat principal	**C.** melon au jambon
4. dessert	**D.** crevettes

TEST 3: Ergänzen Sie das Gespräch mit dem Ober

Ein Tisch für 4 Personen, bitte.	Une table ______ 4 personnes, s.v.p.
Die Weinkarte bitte.	La carte ______ vins, s'il vous plaît.
Haben Sie schon gewählt?	Vous avez fait votre ______?
Für mich ein Pfeffersteak.	Je prendrai un steak ______ poivre.
Englisch oder durchgebraten?	Saignant ou ______ point?
Und zu trinken?	Et ______ boisson?
Was nehmen Sie als Nachtisch?	Que désirez-vous ______ dessert?

– Oui, ça existe, dit-il *tristement.* Ce genre d'établissements. Des vrais bordels, où l'on *retient* les filles contre leur *gré.* Il y a *de nos jours* encore tout un *trafic d'êtres humains.* Les jeunes filles, *attirées* par de *petites annonces,* croient qu'elles vont passer un casting pour *faire du cinéma,* de la chanson ou encore être mannequin. Elles paient des sommes énormes et *confient* leur passeport à des types qui *se disent metteur en scène* ou grand photographe de mode. Quand elles arrivent en France, on les *met sur le trottoir,* et comme elles ne parlent pas la langue et qu'elles n'ont plus leurs papiers, elles *ne peuvent qu'obéir* à ces hommes.

– Mais c'est *incroyable.* Et que fait le gouvernement?

– Tu sais, c'est difficile d'*empêcher* la prostitution. Il y a même des hommes politiques qui *trempent* dans ce trafic.

traurig
festhalten
Willen; heute
Menschenhandel
anlocken; Inserat
Filme machen
anvertrauen
sich ausgeben als Regisseur
auf den Strich schicken; können nur gehorchen
unglaublich
verhindern
verwickelt sein

TEST 4: Zusammengesetzte Hauptwörter

Typische Eigenschaften werden mit *à* angehängt.
Herkunft und Bestandteile werden mit *de* angehängt

Pfeffersteak	un steak *au* poivre
Vanilleeis	une glace *à* la vanille
Ziegenkäse	un fromage *de* chèvre

Versuchen Sie sich an folgenden Gerichten.

1. *Fruchtsaft*	du jus ____ fruits
2. *russische Eier*	des œufs __ ___ russe
3. *Hähnchenbrust*	du blanc ____ poulet
4. *ein Zitronenkuchen*	une tarte ____ citron
5. *ein Kalbskotelett*	une côte ____ veau
6. *ein Himbeereis*	une glace ____ framboises
7. *Rosinenbrot*	un pain ____ raisins
8. *Weinkarte*	la carte ____ vins

Le garçon *revient* et demande:	*zurückkommen*
– *Cela vous a plu?*	*War es recht so?*
– Oui, merci. C'était très bon. Et après le *fromage*, nous allons prendre encore un dessert, dit Pierrot. Apportez-nous la carte des desserts, s'il vous plaît.	*Käse*
Je prends une *tarte aux pommes*, et mon copain *commande* une énorme *glace* avec beaucoup de *chantilly*.	*Apfelkuchen; bestellen; Eis; Schlagsahne;*
– Deux cafés, deux *marcs* et *l'addition*, s'il vous plaît, dit Pierrot après deux heures *passées* à discuter et à *déguster* une très bonne cuisine.	*Schnaps; Rechnung; verbringen; genießen*
– Alors, *à ton avis*, comment faire pour retrouver Yaya? Et quel est le rôle du diamantaire dans tout cela? dis-je.	*deiner Meinung nach*
– C'est une histoire de *chantage, sans doute*. Ce Yaya a vendu une fille au diamantaire. Il y a eu un problème et *il doit le faire chanter*. Voilà!	*Erpressung; wahrscheinlich; er wird ihn wohl erpressen*
Je pense alors au cadavre dans l'armoire et je *frissonne malgré* la chaleur du bistrot.	*zittern; trotz*

TEST 5: Faites votre choix – Wählen Sie

1. Le patron *fait la cuisine.*
A. baut B. kocht C. reinigt die Küche

2. Yaya *fait chanter* le diamantaire.
A. lässt singen B. beschattet C. erpresst

3. Il *fait jour.*
A. es ist Tag B. er macht Licht C. es wird hell

Les Français en rient

Garçon: Comment avez-vous trouvé le bifteck?
Client: Tout à fait par hasard[1]. J'ai soulevé[2] une frite et le voilà[3].

1 ganz zufällig 2 hochheben 3 und da war es

8 *L'attaque*

L'attitude de Pierre m'a *parue* de plus en plus bizarre *à mesure que* je lui racontais mon enquête. Il m'a quittée très vite sans me donner d'explication.	*Verhalten; scheinen* *je mehr*
Rentrée à l'hôtel, je téléphone à Eric pour le *mettre au courant* de mes *démarches* et de mes impressions.	*zurückkehren; informieren; Schritte*
– Vous *devriez* rentrer à Paris. Je n'aime pas vous *savoir seule* à Lyon.	*sollen* *wissen; allein*
– Mais je ne *crains* rien...	*fürchten*
Au moment où je *prononce* ces mots, la porte de ma chambre s'ouvre et deux types masqués entrent. Ils *se jettent sur* moi, me *bâillonnent* et *m'attachent* sur le lit.	*aussprechen* *sich werfen auf; knebeln; fesseln*
Je les observe, *incapable de bouger*. Ils *fouillent* mes valises en *envoyant* mes affaires dans toute la *pièce*. *Comme* ils n'ont rien trouvé, ils s'approchent de moi et me *menacent*.	*unfähig zu; bewegen* *durchwühlen, werfen* *Zimmer; da* *bedrohen*

Im BLICKPUNKT

Schwerpunkt	Beispiel
1. Das einfache Futur	Tu *finiras* mal!
2. Das Gerund	L'appétit vient *en mangeant*.

TEST 1: Ergänzen Sie die Formen des einfachen Futurs

Endung	(je) *-ai*	(tu) *-as*	(il) *-a*	(nous) *-ons*	(vous) *-ez*	(ils) *-ont*
être	ser*ai*	______	ser*a*	______	ser*ez*	ser*ont*
avoir	aur*ai*	aur*as*	______	aur*ons*	______	______
porter	porter*ai*	______	porter*a*	______	porter*ez*	______
finir	______	finir*as*	______	finir*ons*	______	finir*ont*
prendre	prendr*ai*	______	prendr*a*	______	prendr*ez*	______

– Ecoute, *poulette*, arrête ton enquête. *Sinon* tu *finiras mal!* Compris? dit le plus grand en me donnant un *coup* sur la tête qui *m'assomme* aussitôt.	*Schätzchen; sonst böse enden Schlag; Besinnung rauben*
Quelques heures plus tard, je me *réveille.* Je suis toujours attachée et bâillonnée. Que faire? Je réussis à m'approcher de la *cloison* et je *tape* contre celle-ci avec mes pieds. C'est très *fatigant*, mais *au bout d'*une heure, l'hôtelière, *prévenue* par le *voisin*, entre et me *délivre.*	*aufwachen* *Trennwand; schlagen mühsam nach; benachrichtigen Nachbar; befreien*
– Il faut appeler la police. C'est *incroyable, en pleine ville*! Ce sont des gangsters, ces gens-là! *s'exclame*-t-elle complètement *paniquée.*	*unglaublich mitten in der Stadt ausrufen; in Panik*
– Non, *ne vous en faites pas.* Je vais bien, ce n'est qu'une *blague.*	*Machen Sie sich keine Sorgen; Scherz*
– Une blague? Vous *vous moquez de* moi?	*sich lustig machen*
Et elle appelle la police, qui arrive *presque aussitôt.* Un jeune policier *m'interroge:*	*fast; umgehend befragen*

TEST 2: Welches Futur passt am besten?

A. Nähere Zukunft: Futur mit *aller*: Marie *va revenir à Paris.*
B. Fernere Zukunft: einfaches Futur: Eric ne *quittera* jamais Marie.

1. Je (*téléphoner*) tout de suite à la police.
2. Un jour vous (*comprendre*) ma réaction.
3. Marie (*finir*) mal un jour.
4. Attention, vous (*tomber*).
5. Je (*rester*) toujours à Paris.

Les Français en rient

Un jeune homme parle à son amie de ses projets d'avenir:

– Ma chérie, dit-il, quand nous serons mariés, tu garderas ton travail et moi, je continuerai d'en chercher un.

– Nom, prénom, *profession*?	*Beruf*
– Ecoutez, je suis détective privée, c'est un client *mécontent* qui m'a fait une blague. Ce n'est pas *grave* et je ne *porterai* pas *plainte.*	*unzufrieden* *ernst; Anzeige erstatten;*
– Venez *demain* à 15 heures au commissariat! me *lance*-t-il et il s'en va en *claquant* la porte.	*morgen* *zurufen, zuknallen*
Je me regarde dans la *glace.* J'ai une *grosse bosse* sur le *front* mais *à part cela* je suis intacte. Après être passée à la *pharmacie,* pour prendre quelques *pansements* et un *somnifère,* je me couche et dors jusqu'à l'heure de mon rendez-vous au commissariat.	*Spiegel; dicke Beule* *Stirn; abgesehen davon; Apotheke* *Heftpflaster; Schlafmittel*
Je *réussis,* avec quelques *mensonges,* à régler cette histoire et je décide de rentrer *au plus vite* à Paris. Pendant le *trajet du retour,* je ne me sens pas très *sûre* de moi.	*gelingen; Lügen* *regeln; so schnell wie möglich; Heimfahrt; sicher*
Je vois des types bizarres *partout* et je suis heureuse de me retrouver *enfin* dans mon bureau où Eric m'attend. Il est très *fâché* quand je lui raconte mon histoire.	*überall* *endlich* *erbost*

TEST 3: Wortbildung

Mit diesen Vorsilben verkehren Sie Wörter in ihr Gegenteil.

dé-, im-, in-, ir-, mal-, mé-

1. Notre client n'est pas *content.*	Notre client est ____*content.*
2. Ce n'est pas *croyable.*	C'est ____*croyable.*
3. Il n'est pas *heureux.*	Il est ____*heureux.*
4. Ce n'est pas *possible.*	C'est ____*possible.*
5. Marie raccroche le *téléphone.*	Elle ____*croche* le téléphone.
6. Le gangster a *attaché* Marie.	Le voisin a ____*taché* Marie.
7. Elle n'est pas *capable* de bouger.	Elle est ____*capable* de bouger.
8. La voiture n'est plus *réparable.*	La voiture est ____*réparable.*

– Vous êtes *folle.* Ces gens-là sont dangereux. Arrêtez tout!	*verrückt*
– Moi, arrêter? *Pas question!* A propos, que *devient* Jacques Lacour? Avez-vous *reçu* l'argent qu'il nous *doit*?	*kommt nicht in Frage; werden; erhalten; schulden*
– Non.	
– Non? Alors nous allons voir ce monsieur. Vous venez?	
Au moment de partir, le téléphone sonne. Je *décroche* et je fais signe à Eric d'écouter en *mettant le haut-parleur en marche.*	*ans Telefon gehen* *Lautsprecher einschalten*
– Allô, euh, c'est l'agence Paulard?	
– Marie Paulard *en personne,* monsieur...	*persönlich*
– Fred Pinchot, j'ai lu votre petite annonce et le travail que vous *proposez* m'intéresse.	*anbieten*
– C'est un travail *assez particulier* et un peu *dangereux,* vous savez.	*ziemlich speziell; gefährlich*
– *En ce qui concerne* le danger, je n'ai pas de problèmes, ayant passé dix ans dans la *légion étrangère.*	*was ... angeht* *Fremdenlegion*

TEST 4: Antworten Sie mit Nein

Wählen Sie den passenden zweiten Teil der Verneinung.

jamais • personne • rien

1. Les gangsters ont trouvé quelque chose?	Ils *n'*ont ______ trouvé.
2. Est-ce que Fred a toujours de l'argent?	Fred *n'*a ______ d'argent.
3. La police a arrêté quelqu'un?	La police *n'*a arrêté ______.

TEST 5: Sagen Sie es mit einem Gerund

Beispiel: *Quand* mon voisin *est entré,* il m'a vue attachée sur le lit.
En entrant, le voisin m'a vue attachée sur le lit.

1. Ils fouillent mes valises et *envoient* mes affaires dans la pièce.
2. Si tu *continues* ton enquête, tu finiras mal!
3. *Comme* mon voisin *voit* la porte ouverte, il entre.
4. L'agent de police s'en va *et claque* la porte.

Fred der Fallschirmspringer

9 *Fred le parachutiste*

Nous avons donc *pris rendez-vous* avec Fred Pinchot pour un *entretien d'embauche. A l'heure dite*, on sonne.

– C'est *bon signe*, me dit Eric, il est *ponctuel.*

Devant nous *se tient* un homme d'une quarantaine d'années, *au teint bronzé* et aux yeux très bleus. Il *s'assied* après nous avoir donné une *poignée de main* solide et *franche.*

– Voilà, commence-t-il, j'ai *servi* dans un régiment de *parachutistes* et j'ai fait la *guerre* en ex-Yougoslavie.

– Le *maniement des armes* n'est pas un problème pour vous, alors. Et les *filatures*, c'est une *occupation* assez *fatigante...*

– *J'ai l'habitude* de rester des heures sans *dormir*, sans manger, sous la *pluie* ou *sous un soleil de plomb*, dit-il fièrement.

– Je crois que *nous* allons *nous entendre.*

Je trouve cet homme non seulement sympathique, mais aussi très *utile.*

– Parlons donc de votre *salaire*, M. Pinchot.

sich verabreden
Vorstellungsgespräch
zur vereinbarten Zeit
gutes Zeichen; pünktlich
hier: stehen
braun gebrannt
sich setzen
Händedruck; aufrichtig
dienen
Fallschirmspringer; Krieg
Umgang mit Waffen
Beschattung
Tätigkeit; ermüdend
gewohnt sein; schlafen
Regen; bei drückender Hitze
sich verstehen
nützlich
Gehalt

Im BLICKPUNKT

	Schwerpunkt	Beispiel
1.	Partizip statt Relativsatz	Je cherche quelqu'un *parlant* anglais.
2.	Das Pronominaladverb *en*	Je viens *de France*. J'*en* viens.

Les Français en rient

– Dis-moi, Fred, demande Eric, pourquoi es-tu devenu parachutiste?

– Je n'avais pas le choix[1] ... Un avion ... trois moteurs en panne[2].

1 ich hatte keine andere Wahl 2 ausgefallen

– Appelez-moi Fred et *tutoyez*-moi, s'il vous plaît. Je n'ai pas l'habitude des *manières.*	*duzen* *Umgangsformen*
– D'accord, Fred, moi, c'est Marie et lui, c'est Eric. Que penses-tu d'un *salaire fixe* de 1500 euros et d'une *rémunération* des *heures sup* en plus?	 *festes Gehalt* *Bezahlung; Über-*
– Ça *me convient* parfaitement. Voilà mon *certificat de travail,* mes références et mon *C.V.* J'ai aussi une *lettre de recommandation* de mon ancien capitaine.	*stunden; zusagen* *Arbeitszeugnis; Lebenslauf; Empfehlungsschreiben*
Je donne tout cela à Eric pour *vérifications* et je *mets* Fred *au courant* de notre enquête.	*Überprüfung* *informieren*
– Ecoute, Fred, j'ai du travail pour toi. *Il s'agit d'*un certain Yaya, *restaurateur* rue des Poissonniers. Je lui explique *du mieux possible* où se trouve le restaurant.	*es handelt sich um* *Wirt* *so gut es geht*
– D'accord. *Que dois-je faire?*	*Was soll ich tun?*
– Le *retrouver* et le *suivre;* voilà une photo de lui que nous avons prise *l'autre jour.*	*finden; verfolgen* *neulich*
Il se lève et nous quitte avec un *grand sourire* aux *lèvres.*	*breites Lächeln* *Lippe*
– Je crois que nous avons trouvé la *perle rare,* dis-je à Eric. Allons voir Lacour.	*seltene Perle*

TEST 1: Was man bei einer Bewerbung bespricht

1. Le dossier de canditature	*die Bewerbungs*__________
2. le C.V. (curriculum vitae)	*der* __________
3. une lettre de recommandation	*ein* __________*schreiben*
4. le certificat de travail	*das Arbeits*__________
5. un salaire fixe	*ein* ______ ______
6. des heures de travail réglées	______ *Arbeitszeiten*
7. la rémunération des heures supplémentaires	*die* __________ *der Überstunden*

Comme il y a des *embouteillages monstres*, nous prenons le métro *plutôt qu'*un taxi. Une *demi-heure plus tard, nous voilà arrivés* devant le grand *porche* d'un *immeuble* à côté d'un grand magasin.	*ungeheure Staus lieber...als; halbe Stunde später; stehen wir; Tor; Gebäude*
– Alors entrons... Attention! Vite!	
Je prends *brusquement* le *bras* d'Eric et l'*embrasse* sur la *bouche*. Il trouve cela agréable *car* il ne *résiste* pas un instant.	*plötzlich; Arm; küssen; Mund; denn sich wehren*
– Vous êtes *merveilleuse*, Marie, dit Eric *ravi*.	*großartig; entzückt*
Je ne l'écoute pas car *je viens de voir* Yaya *disparaître* dans la *foule*.	*ich sah soeben; verschwinden; Menge*
– *Taisez-vous*, idiot, Yaya...!	*Halten Sie den Mund!*
– Il est là?	
– Il était là, il a *disparu* dans la foule.	*verschwinden*
Et *comme* Eric, qui n'a pas *compris* que mon *baiser* était une tactique, veut m'*embrasser* encore une fois, je le *bouscule*.	*da; verstehen; Kuss küssen (weg-)stoßen*

TEST 2: Verneinung für Maulfaule

jamais • pas • personne • rien

1. Tu m'embrasses encore une fois?	_______ question.
2. On va gagner?	_______ sûr.
3. Qu'est-ce qui se passe?	Toujours _______.
4. Tu vois quelqu'un?	Non, _______
5. Tu as déjà fumé du hachisch?	_______ de la vie.

Les Français en rient

Lettre reçue au courrier de cœur[1]:

– Je l'aime, elle m'aime. Nos parents sont d'accord[2]. Que faire?

1 Kummerkasten (einer Illustrierten) 2 einverstanden sein

– Vous n'avez rien compris, *mon vieux.* Le baiser, c'était pour le travail, *rien à voir avec* les sentiments. Allons chez Lacour.	*mein Alter das hat nichts zu tun mit*
Tout *déçu*, il me *suit* et nous entrons dans l'immeuble du diamantaire. *De tous côtés*, il y a des *plaques en cuivre* indiquant des *cabinets* de médecins, des *études* de notaires.	*enttäuscht; folgen überall; Kupferschilder; Praxis; Kanzlei*
Je découvre une plaque *indiquant* «Jacques Lacour, expertises, *vente*, 2e étage». Il y a un *digicode* à la porte mais heureusement un *habitant sort de* l'immeuble au moment où nous voulons entrer. Il y a un *ascenseur*, que nous prenons. Arrivés à l'*étage* qui nous intéresse, nous voyons devant nous une plaque avec le nom de notre client.	*mit der Aufschrift Verkauf; Zahlencode; Bewohner; verlassen Lift; Stockwerk*
J'*appuie sur la sonnette.* Une fois, deux fois. *Personne ne* répond. C'est peut-être qu'il faut entrer après le *coup de sonnette.* Je tourne la *poignée* de la porte. La porte ne s'ouvre pas. Je *resonne longuement.*	*auf die Klingel drücken; niemand Läuten; Klinke nochmal lange läuten*

TEST 3: *En* ersetzt Ausdrücke mit *de*

1. Marie est rentrée *de Lyon.*	Elle *en* est rentrée.
2. Marie a parlé à la police *d'un cambriolage.*	________
3. Deux policiers descendent *de la voiture.*	________
4. Qu'est-ce qu'ils pensent *de cette affaire*?	________
5. Lacour n'est pas sorti *de l'immeuble.*	________

TEST 4: Ergänzen Sie das Verbschema

	devoir	**recevoir**	**décevoir**
je	dois	reçois	________
nous	devons	________	décevons
ils	doivent	________	________
Partizip	dû, due	________	déçu, déçue

Toujours rien.	*immer noch nichts*
– *Laissons tomber,* dit Eric.	*geben wir's auf*
Comme il sait que nous avons gagné au tiercé, Eric n'*a* pas tellement *envie de* travailler et je pense qu'il veut *se promener* avec moi.	*Lust haben zu* *spazieren gehen*
– D'accord, *partons,* dis-je.	*gehen wir!*
Nous redescendons et nous retrouvons le *soleil* parisien *éclairant* toute la rue.	*Sonne; erleuchten*
– Vous avez l'air *ennuyée, remarque* Eric, *il fait si beau* et... je vous aime, Marie.	*verärgert; bemerken* *das Wetter ist so schön;*
– Ah, non, Eric! Ne *mêlons* pas le travail et les sentiments. Mais vous *avez raison.* Je suis ennuyée que M. Lacour n'ouvre pas. *Passez-moi* votre *portable,* la batterie du mien est *vide.*	*vermischen* *Recht haben* *geben Sie mir; Handy* *leer*
– Bien, chef! et il me *tend* son téléphone. Je *fais un numéro.* Cela sonne deux fois, puis une voix *grogne:*	*reichen; wählen* *knurren*

TEST 5: Nehmen Sie Partizipien statt Relativsätze

Beispiel: Un homme *qui parle* anglais → un homme *parlant* anglais

1. Il y a des plaques qui *indiquent* des cabinets de médecins.
2. Nous trouvons une plaque qui *porte* le nom de notre client.
3. Nous retrouvons le soleil qui *éclaire* toute la rue.
4. L'agent parle à son collègue qui *est resté* dans la voiture.

Les Français en rient

– Miracle[1], s'écrie le paralytique[2] sortant de la piscine d'eau bénite[3] de Lourdes. Mon fauteuil roulant[4] a des pneus neufs!

Ma fille voyant une vache[5] pour la première fois s'écrie:
– Regarde papa, cette bête a avalé[6] un gant[7].

1 Ein Wunder! 2 Gelähmter 3 Becken mit dem geweihten Wasser 4 Rollstuhl 5 Kuh 6 verschlucken 7 Handschuh

– Allô, *poste de police* de l'Opéra. J'écoute.	*Polizeirevier*
– Je viens *d'être témoin d'un cambriolage*, monsieur l'agent. Venez vite!	*Zeuge eines Einbruchs sein*
Je donne le numéro, l'étage, le nom de Jacques Lacour et je *raccroche avant* que le policier ne *pose des questions.*	*wieder auflegen; bevor; Fragen stellen*
– Alors? demande Eric.	
– Allons prendre un café *en face*, dis-je et je donne un coup de téléphone à Fred pour lui dire que nous avons vu Yaya près du *domicile* de Lacour.	*gegenüber* *Wohnung*
Un quart d'heure plus tard, *installés* à la terrasse d'un bistrot, juste en face de l'immeuble où *travaille* Jacques Lacour, Eric et moi entendons la sirène de la police. Puis, une voiture de police *apparaît* et s'arrête le long du trottoir. Deux policiers *en tenue* en descendent et entrent dans l'immeuble. La rue est *calme*, c'est-à-dire avec son *animation habituelle.* Les gens *passent devant* l'immeuble. Brusquement, les policiers *réapparaissent* et semblent *assez* stressés. Ils parlent à leur collègue resté dans la voiture.	*sitzen wir* *arbeiten* *auftauchen* *in Uniform* *ruhig* *gewohntes Treiben* *vorbeigehen an* *wieder auftauchen* *ziemlich*

Les Français en rient

Le capitaine donne des instructions au nouveau parachutiste suisse[1]:

– Alors vous sautez[2], vous comptez jusqu'à trois, puis vous tirez sur la manette[3] et votre parachute s'ouvre, compris?

Alors, il saute, mais le parachute ne s'ouvre pas. Le pauvre s'écrase sur le sol[4]. L'ambulance arrive, un docteur se penche sur[5] le malheureux et il entend une petite voix qui gémit[6]:

– Trois.

1 Schweizer 2 springen 3 die Reißleine ziehen 4 auf die Erde prallen 5 sich beugen
6 schwache Stimme, die ächzt

10 *Le deuxième corps*

Entre-temps, le garçon est venu pour *encaisser.*	*inzwischen; kassieren*
– Deux *crèmes*? demande-t-il.	*Milchkaffee*
– C'est cela, dis-je en lui tendant un *billet.*	*Geldschein*
Pendant qu'il nous *rend* la *monnaie*, il demande:	*zurückgeben; Klein-*
– Qu'est-ce qui se passe là-bas?	*geld*
Un jeune homme qui est sorti sur la terrasse nous dit:	
– Je *vais voir.*	*nachschauen*
Il sort et *traverse* la rue. Notre garçon *ramasse le*	*überqueren; Trink-*
pourboire que nous avons laissé sur la table et ob-	*geld einstreichen*
serve la scène en face. *Là-bas*, des *curieux* com-	*drüben; Neugierige*
mencent à *s'attrouper.* Une autre voiture de police	*zusammenlaufen*
arrive. Deux policiers en civil en *descendent.*	*aussteigen*
Eric me regarde et dit:	
– *On dirait* qu'il y a un problème.	*es scheint, dass*
Au bout d'un moment, le jeune homme revient	*kurz darauf*
tout excité.	*ganz aufgeregt*
– Qu'est-ce qui se passe?	

Im BLICKPUNKT

Schwerpunkt	Beispiel
1. Das Konditional	On *dirait* qu'il y a un problème.
2. Die Bedingungssätze	Appelle-moi *si* tu vois Yaya.

Imperfekt und Konditional

Die Endungen des Imperfekts und des Konditionals sind identisch.

	avoir		être	
	Imperfekt	**Konditional**	**Imperfekt**	**Konditional**
je	av*ais*	aur*ais*	ét*ais*	ser*ais*
nous	av*ions*	aur*ions*	ét*ions*	ser*ions*
ils	av*aient*	aur*aient*	ét*aient*	ser*aient*

– Ils ont trouvé un *locataire* de la maison, un diamantaire, *mort. Il paraît qu'*il a été assassiné et que *l'assassin*, avec une *voix* de femme, a *prévenu* lui-même la police.	*Mieter* *tot; angeblich* *Mörder; Stimme* *benachrichtigen*
– *Assassiné* comment? dis-je.	*ermordet*
– Ça, je ne *sais* pas, répond-il et il rentre dans le café pour *raconter* son histoire aux clients et au *garçon*.	*wissen* *erzählen; Kellner*
Je me lève.	
– Rentrons au bureau.	
Au bureau, je prépare un thé et Eric *boit* un petit cognac. Il me demande, *légèrement* agressif:	*trinken* *leicht*
– Et *maintenant*?	*nun*
– *Il faut attendre*, dis-je.	*wir müssen warten*
– Attendre quoi? A votre place, je *laisserais tomber*.	*nicht weitermachen*
– *Même si* je voulais, je ne pourrais pas.	*selbst wenn*
– Pourquoi? *Regardez la réalité en face*. Vous aviez un client, il est *mort*, vous n'avez plus de client.	*der Realität ins Gesicht sehen; tot*
– Et alors?	

TEST 1: Bilden Sie das Konditional

	je	tu	il	nous	vous	ils
porter	porter*ais*	______	______	______	______	______
faire	fer*ais*	______	______	______	______	______
prendre	prendr*ais*	______	______	______	______	______

TEST 2: Ergänzen Sie den erfüllbaren Bedingungssatz

1. Si Lacour (*être*) mort, nous n'avons plus de client.
2. Si nous (*ne plus avoir*) plus de client, on (*pouvoir*) laisser tomber l'enquête.
3. Et si on (*ne pas continuer*), Yaya nous (*laisser*) peut-être tranquille.
4. Mais on (*avoir*) des problèmes si la police (*trouver*) le contrat.

– Si vous étiez dans la police, vous pourriez *continuer* votre enquête.	*fortsetzen*
– Et l'argent que Lacour a payé? dis-je.	
– C'était pour *enquêter* sur Yaya. Vous avez commencé le travail et si vous ne voulez pas *garder* l'argent, alors *versez*-le aux *Restaurants du cœur.*	*ermitteln* *behalten* *überweisen; Mittagstisch für Bedürftige*
– Ce n'est pas l'argent le problème. C'est le *reçu*, dis-je.	*Quittung*
– Quel reçu?	
– Le reçu que nous avons *signé* avec le *contrat* avec mon nom et l'*en-tête* de notre agence. Quelqu'un va le trouver et j'*attends* sa visite. *Ou bien* l'assassin va venir *ou bien* notre ami le commissaire Laverdure. Vous voyez, *même* si je voulais laisser tomber, *je ne pourrais pas.*	*unterschreiben; Vertrag; Briefkopf* *erwarten* *entweder ... oder* *selbst wenn* *ich könnte es nicht*

TEST 3: Das Relativpronomen – *qui* oder *que*?

1. Où est le contrat ___ nous avons signé?
2. Le jeune homme ___ est sorti sur la terrasse nous raconte l'histoire.
3. Qu'est-ce qu'on fait de l'argent ___ Lacour a payé?

TEST 4: Wählen Sie. Was bedeutet das Konditional I?

A. Ratschlag • B. Wunsch • C. Vermutung • D. Möglichkeit

1. On *dirait* qu'il y a un problème.	___
2. J'*aimerais* savoir où se trouve Yaya.	___
3. A ta place je *laisserais* tomber l'enquête.	___
4. Sans doute Laverdure *pourrait-il* nous aider.	___

Les Français en rient

– Ecoute, dit la mère à sa petite fille, tu ferais mieux d'être sage[1]. Si tu *es sage*, tu *iras* au ciel[2], si tu es méchante tu *iras* en enfer[3].
– Et qu'est-ce que je dois faire, demande la petite, pour aller au cirque?

1 du solltest lieber brav sein 2 Himmel 3 Hölle

A ce moment, on *sonne à la porte.*	*Es läutet an der Tür*
– C'est l'assassin ou le commissaire.	
Je *me trompe.* C'est le *facteur.* Il me tend un paquet, des journaux et une lettre.	*sich täuschen; Briefträger*
– Voilà le *courrier*, dit-il, avec un peu de *retard à cause des grèves* de la semaine dernière.	*Post; Verspätung wegen des Streiks*
Eric est *à côté de moi.* La lettre *contient* des billets de banque *cachés* entre deux *feuilles* de papier blanc. C'est l'argent demandé à Jacques Lacour pour payer notre enquête. Le diamantaire a posté cette *enveloppe* deux jours plus tôt et sans la grève, j'aurais reçu l'argent plus tôt.	*an meiner Seite; enthalten; versteckt; Blatt* *Umschlag*

TEST 5: Nicht erfüllte Bedingungen

1. Si tu (*être*) dans la police, tu pourrais continuer notre enquête.
2. Si je (*être*) dans la police, on (*ne rien avoir*) à craindre.
3. Même si je (*vouloir*) laisser tomber l'enquête, je (*ne pas pouvoir*).
4. Je (*être*) plus tranquille s'il n'y (*avoir*) pas ce reçu.

TEST 6: Unerfüllbare Bedingungen

Im Si-Satz steht Plusquamperfekt (*j'avais fait*),
im Hauptsatz meist Konditional II (*j'aurais fait*).

1. Si je (ne pas *gagner*) au tiercé, je n'*aurais* pas *pu* employer Eric.
2. Si Lacour (me *dit*) dit la vérité, je (ne pas *aller*) chez Yaya.
3. Lacour (*être*) encore en vie si je (*prévenir*) la police.
4. S'il n'y *avait* pas *eu* cette grève, je (*recevoir*) l'argent plus tôt.

Les Français en rient

Si Christophe Colomb *n'avait pas découvert*[1] l'Amérique,
il nous *aurait épargné*[2] pas mal de problèmes.

1 entdecken 2 ersparen

Der Brief

11 *La lettre*

Nous regardons la lettre et les *billets* de banque que Lacour nous a *envoyés.*

- Il était *honnête*, cet homme, dis-je. Une *raison* de plus pour ne pas *abandonner* notre enquête.
- *Comme vous voudrez*, dit Eric. Après tout, ça commence à m'*exciter*. Pourquoi vous a-t-il *envoyé* l'argent *de cette façon*?
- Cet homme était *surprenant* et nous devons *nous attendre à* d'autres *surprises.* Attendons encore un peu, si personne ne vient, *ni* l'assassin, *ni* la police, *ni* Fred, nous retournerons à ce bistrot. Nous *apprendrons* peut-être quelque chose. Mais *avant*, mangeons quelque chose.

Geldschein; schicken; ehrlich; Grund; aufgeben; Wie Sie wollen; reizen; schicken; auf diese Weise; erstaunlich; gefasst sein; Überraschung; weder ... noch; erfahren; vorher

A côté du bureau, nous avons une petite *pièce* qui nous *sert de* cuisine et je regarde ce qu'il y a au *frigo.*

- Eric, il y a un reste de pizza pour vous et de la salade pour moi.
- Je préfère une omelette. Est-ce qu'il y a des *œufs* et du *fromage*? Ça serait super.

Raum; dienen als; Kühlschrank; Eier; Käse

Auf einen BLICK

Schwerpunkt	Beispiel
1. Mengenbegleiter	manger *des* œufs et *du* fromage
2. Imparfait	Il *venait* ici de temps en temps.

TEST 1: Relativätze – *ce qui* oder *ce que*?

1. Je regarde ___ ____ reste au *frigo.*
2. Le client raconte tout ___ ____ la police sait de l'affaire.
3. On se demande qui est- ___ ____ a téléphoné à la police?
4. Fred raconte ___ ____ Yaya a fait depuis qu'il l'a suivi.

– Vous pourriez aller acheter du *pain*.	*Brot*
– *Toujours moi!* Il vous faut quelque chose d'autre?	*immer ich*
– Prenez donc du *beurre*, des *pommes*, du *jambon*, de la *crème* et une bouteille de Bordeaux.	*Butter; Apfel; Schinken; Sahne*
– Vous voulez un dessert, de la *glace* ou des *yaourts*?	*Eis; Joghurt*
– Non, pas de yaourts, *il en reste* deux et la glace me fait *mal aux dents*. Mais prenez donc un *éclair* et une *tartelette aux fraises*.	*Es ist noch übrig Zahnweh; Liebesknochen; Erdbeertörtchen*
– Bien, chef, *fait-il* et il *disparaît*.	*sagt er; verschwinden*
Après notre bon petit *repas* nous partons pour la rue du Bac. Au café de la rue du Bac, la *mort* du diamantaire est le *sujet* de conversation numéro un. Le jeune homme est encore là et raconte tout ce qu'il sait de l'affaire. *J'apprends* que Lacour n'a reçu ni *coup de revolver* ni *coup* de *couteau* mais simplement un *coup* sur la tête et qu'il a eu une *crise cardiaque*.	*Mahlzeit; Tod; Thema; erfahren; Schuss; Stich; Messer; Schlag; Herzinfarkt*

Die Begleiter von Mengen

1. Vor näher bestimmten Mengen steht ***de***: une livre *de* beurre.
2. Vor unbestimmten Mengen zählbarer Dinge steht ***des, du / de la***.

TEST 2: Ergänzen Sie die deutschen Sonderwünsche

Un touriste allemand entre dans un café à Paris:

– Faites-moi un sandwich avec ____ pain noir, un peu ____ beurre salé, trois tranches[1] ____ jambon de Parme, ____ moutarde[2] de Dijon et ____ cornichons.

– Parfait, dit le garçon. Pouvez-vous repasser[3] demain pour le premier essayage[4]?

1 Scheibe 2 Senf 3 wieder vorbeikommen 4 Anprobe

– Ce qui est bizarre, dit un client, c'est l'*intervention* de la police. *Qui est-ce qui* a téléphoné?	*Eingreifen* *wer?*
Le jeune homme répond:	
– L'*assassin.*	*Mörder*
– Et pourquoi a-t-il fait ça, l'assassin?	
– *Je n'en sais rien...*	*keine Ahnung*
A mon tour d'*intervenir.*	*sich einmischen*
– Et qui est la *victime*?	*Opfer*
– Un diamantaire.	
– Ah, ah. On lui a *volé* beaucoup?	*stehlen*
– Je crois qu'on *n'en sait rien encore.*	*noch nichts davon*
– Vous *connaissiez* cet homme?	*wissen; kennen*
Le patron du bistrot répond:	
– Il venait ici *de temps en temps*. Il était très tranquille. Il *buvait* un café, *lisait* son journal. Il n'avait pas l'air riche. Je pense *même* qu'il avait des problèmes d'argent, ses *vêtements* ne semblaient pas être de bonne qualité.	*von Zeit zu Zeit* *trinken; lesen* *sogar* *Kleider*

TEST 5: Die Begleiter von Tischgesprächen

Mengenbegleiter bei Verallgemeinerung

Denkt man an die Gattung, die Stoffart ganz allgemein, steht der bestimmte Artikel. Dies ist vor allem bei den Verben des Liebens und Hassens der Fall: *aimer*: mögen, *préférer*: vorziehen, *détester*: hassen

Tu veux encore ___ vin?	Non merci, je n'aime pas ___ vin. Je préfère ___ eau minérale.
Il y a encore ___ fromage?	Désolé, il n'y a plus ___ fromage.
Mais il y a encore ___ glace et ___ biscuits.	Je préfère ___ glace ___ biscuits.
Prends donc ___ fraises.	Merci, ___ fraises sont bonnes pour la santé.

Nous sortons du bistrot. Nous rentrons au bureau juste à temps pour *décrocher le téléphone* qui *sonne.*	*den Hörer abnehmen*
– Allô?	*läuten*
– Ici Fred. Votre Yaya est dans son restaurant et ne *semble* pas vouloir en sortir. Je continue à le *surveiller*?	*scheinen* *überwachen*
– Eh bien…	
Il me *paraît* difficile de demander à Fred *d'être debout* 24 heures sur 24.	*scheinen; auf den Beinen sein*
– *Au fait,* que lui *reprochez*-vous?	*übrigens; vorwerfen*
– D'avoir *tué* quelqu'un cet après-midi.	*töten*
– Mais je *ne* l'ai *pas quitté d'une semelle.*	*auf Schritt und Tritt folgen; vorher*
– C'était peut-être *avant*. Racontez-moi ce qu'il a fait *depuis que* vous le *suivez.*	*seit; folgen*
– Il est allé dans une boutique de *dessous* boulevard Haussmann.	*Damenunterwäsche*
– Comment s'appelle cette boutique?	

TEST 6: Warum steht das Imparfait?

A. für Gewohnheiten **B.** für Zustandsbeschreibungen

1. Il *venait* dans notre bistrot de temps en temps. ___
2. C'*était* un homme tranquille. ___
3. Ses vêtements n'*étaient* pas de bonne qualité. ___
4. Il *buvait* toujours un café. ___
5. Il *n'avait* pas l'air riche. ___

Les Français en rient

Un touriste américain était devant la tour Eiffel. Il lisait dans son Guide Michelin en se grattant la tête[1]. Puis il a dit à sa femme:
– Ils écrivent: date de construction[2] 1888. Ils pourraient quand même préciser si c'est avant ou après Jésus-Christ.

1 sich am Kopf kratzen 2 Baujahr

12 *Une boutique respectable*

Ein ehrbares Geschäft

Fred *fait semblant* de mal comprendre. *Au lieu de*	*so tun als ob; anstatt*
me donner le nom de cette boutique de *dessous,*	*Unterwäsche*
il demande:	
– Vous voulez vous acheter des dessous	
troublants?	*verführerisch*
– *Dites donc*, mon vieux, un peu de respect pour	*Hör mal!*
votre *patronne.*	*Chefin*
– Oh, pardon, je ne voulais pas vous choquer.	
Cette boutique *s'appelle* Katinka.	*heißen*
– Katinka? C'est un *prénom* russe, ça.	*Vorname*
– Oui, bien sûr. Qu'est-ce que je fais alors *en ce*	*was Yaya anbelangt*
qui concerne Yaya?	
– Ecoutez Fred, vous pouvez rentrer chez vous	
jusqu'à demain matin.	*bis morgen früh*
Je *raccroche.*	*auflegen*
– Eric, vous avez *entendu*, le prénom Katinka...	*hören*
Eric *hausse les épaules*:	*mit den Achseln*
– Vous savez, dans ma vie j'ai *croisé* une Katinka,	*zucken; begegnen*
une Natascha et une Katja qui *en fait* s'appe-	*in Wirklichkeit*
laient Yvette, Nicole et Anne.	
– Mais c'est quand même *troublant.* Je vais y	*beunruhigend*
faire un tour.	*vorbeischauen*

Auf einen BLICK

Schwerpunkt	Beispiel
1. *Imparfait* und *Passé composé*	J'*étais* au bar quand il *est arrivé.*
2. Notwendigkeit ausdrücken	*Il faut* s'habiller un peu sexy.

TEST 1: Suchen Sie Ausdrücke mit Körperteilen

1. *ein Vermögen kosten*	______ les ______ de la tête
2. *die Achseln zucken*	__________ les épaules
3. *angestrengt lauschen*	__________ l'oreille

Une boutique respectable
Ein ehrbares Geschäft 12

Le magasin est petit mais très *luxueux*. La maison	*luxuriös*
Katinka possède des ateliers où on *crée* et *fabrique*	*kreieren; herstellen*
des modèles exclusifs. Katinka travaille pour les	
grands *couturiers*.	*Modedesigner*
– Je peux vous aider, mademoiselle? Me demande	
une *vendeuse maquillée* et *coiffée* à la dernière	*Verkäuferin; schmin-*
mode.	*ken; frisieren*
– Oui, je cherche des *bas en soie, pour offrir.*	*Seidenstrümpfe; zum*
	Verschenken
Elle me montre tout un *choix* de bas très élégants	*Auswahl*
qui *coûtent les yeux de la tête*.	*ein Vermögen kosten*
Pendant que je regarde, je *tends l'oreille*. Il me	*während; lauschen*
semble que cette boutique est très respectable, les	
clientes et les *vendeuses* sont des personnes qui	*Verkäuferin*
semblent *tout à fait honnêtes*. *J'apprends* aussi qu'il	*absolut anständig; er-*
y a deux *propriétaires*. L'une a *une vingtaine* d'années	*fahren; Besitzer; unge-*
et l'autre *approche de la soixantaine*. La jeune s'ap-	*fähr zwanzig; auf die*
pelle Katia et l'autre Ludmilla.	*60 zugehen*
En rentrant au bureau, je *réfléchis*. Des personnes	*nachdenken*
si respectables et si *connues* ont tout à *perdre* et	*bekannt; verlieren*
peuvent être *victimes* d'un *chantage*. Yaya est entré	*Opfer; Erpressung*
dans ce magasin et ce magasin est *tenu par* des	*wird geführt von*
Russes.	

TEST 2: Ersetzen Sie das Kursivgedruckte

au fait • en fait • tout à fait

1. Les vendeuses sont *complètement* honnêtes.
2. Mes copines *en réalité* s'appelaient Jeanne et Anne.
3. *A propos*, Fred m'a donné un message pour toi.

Les Français en rient

Il ne faut pas juger[1] un homme d'après les gens qu'il fréquente[2].
N'oubliez pas que Judas avait des amis respectables.

1 beurteilen 2 Umgang haben mit

Peut-être que Yaya est allé dans la boutique pour *encaisser* de l'argent? Peut-être ne *fait*-il *chanter* qu'une des propriétaires: Katia ou Ludmilla? Tout ça, ce sont des idées, mais j'ai *l'impression* d'avoir trouvé ce que je cherchais. Mais comment faire pour *approcher* les deux dames?

Je rentre au bureau où Eric m'attend déjà *impatiemment*.

- J'ai la *réponse* à votre problème, me dit Eric. *Pendant que* vous étiez à la boutique, j'ai un peu *surfé* sur Internet et j'ai *appris* que la boutique en question préparait un *défilé de mode* qui *aura lieu* mardi. Je vous ai *procuré* un *carton d'invitation.* Ne suis-je pas génial?
- Vraiment, vous êtes *formidable*, mon petit vieux, *car* après le défilé il y aura un cocktail et à cette *occasion* je pourrai *approcher* Katia ou Ludmilla.
- Mais il *va falloir vous habiller* un peu plus sexy, si vous voulez *passer inaperçue*, et aller chez le coiffeur, me dit Eric avec un *sourire moqueur.*

kassieren; erpressen
Eindruck
herankommen an
ungeduldig
Antwort
während
surfen; erfahren
Modenschau; stattfinden; verschaffen
Einladungskarte
großartig
denn
Gelegenheit; herankommen an; Sie müssen sich anziehen
nicht auffallen; spöttisches Lächeln

TEST 3: *Imparfait* oder *Passé composé?*

Das *Imparfait* beschreibt Hintergrund, Zustände und Begleitumstände. Das *Passé composé* beschreibt die Handlungskette im Vordergrund.

1. Fred (*s'excuser*) auprès de Marie. Il (*ne pas vouloir*) la choquer.
2. Pendant que Marie (*être*) à la boutique, Eric (*surfer*) sur Internet.
3. Eric (*croiser*) deux Katinka qui en fait (*s'appeler*) Josette et Anne.
4. Lacour (*vouloir*) que Marie enquête mais que ça reste discret.
5. Lacour (*être*) un homme mystérieux. Qu'est-ce qui le (*pousser*) à s'adresser à l'agence de Marie?

– Bien. Alors *prenez-moi donc rendez-vous* avec le salon de beauté qui est *à deux pas* et j'irai chez le coiffeur samedi.	*einen Termin machen; gleich um die Ecke*
– *Espérons* que nous n'aurons pas la visite de la police.	*hoffen*
– S'ils avaient trouvé quelque chose, ils seraient déjà venus.	
– Vous pensez au *reçu*?	*Quittung*
– Oui, mais *plus* j'y réfléchis, *plus* je pense que Lacour a dû le *détruire*. Il voulait que *j'enquête* mais que ça reste discret. C'était un homme très mystérieux et je veux savoir ce qui l'a *poussé à s'adresser* à mon agence.	*je mehr..., desto...* *vernichten; ermitteln* *veranlassen; sich wenden an*
Le samedi, avant le coiffeur, je vais faire un petit jogging avec une amie et le dimanche je vais au cinéma voir un *film policier*.	*Krimi(nalfilm)*

TEST 4: Die Bedeutung von *il faut* – Sie haben die Wahl

1. Il faut une heure pour aller chez Katinka.
A. Er braucht eine Stunde. **B.** Man braucht eine Stunde.

2. Il ne faut pas mentir.
A. Man soll nicht lügen. **B.** Er soll nicht lügen.

3. Il ne faut rien lui raconter.
A. Er darf ihm nichts sagen. **B.** Sie dürfen ihm nichts sagen.

TEST 5: Übersetzen Sie

Das ist der Beweis, den er braucht.	Voilà la preuve qu'il __ ____.
Ich brauche das Geld für morgen.	Il __ ___ l'argent pour demain.
Man muss es sehen, um es zu glauben.	___ ___ ___ voir pour le croire.
Wir mussten nicht warten.	Il ne ___ __ pas ____ attendre.

Modenschau bei Katinka

13 *Défilé chez Katinka*

Lundi, quand j'ouvre le *journal*, il y a un article	*am Montag; Zeitung*
sur la mort de Jacques Lacour.	
«La police a découvert, *hier après-midi*, le cadavre	*gestern Nachmittag*
de Jacques Lacour, diamantaire rue du Bac.	
C'est un *étrange coup de téléphone* qui a *signalé* le	*eigenartig; Anruf; ver-*
crime à la police du quartier.	*ständigen*
Deux agents se *sont rendus* à *l'adresse indiquée.*	*sich begeben; genannte*
Comme personne ne répondait à leur *coup de*	*Adresse; da; Läuten*
sonnette, ils voulurent repartir.	*letztere; wieder gehen*
C'est alors que *la concierge* leur a *fait part* de son	*Hausmeisterin; mittei-*
étonnement au sujet de son *locataire* qu'elle n'avait	*len; Erstaunen; Mieter*
pas vu *depuis* deux jours.	*seit*
Les agents ont *donc* décidé d'*enfoncer* la porte de	*also; einschlagen*
l'appartement de J. Lacour et ils ont trouvé son	
cadavre. Comme il n'y avait *nulle trace d'un com-*	*Leiche; da; keine*
bat, on pense que le diamantaire est mort d'une	*Kampfspuren; Herz-*
crise cardiaque dans *la nuit précédente.*	*infarkt; vergangene*
	Nacht

Auf einen BLICK

Schwerpunkt	Beispiel
1. Hervorhebung	*Ce* n'*est* pas Yaya *qui* a tué Lacour.
2. Indirekte Rede	*Il dit que* Yaya a quitté la boutique.

TEST 1: Um was für einen *coup* handelt es sich?

1. C'était un *coup de téléphone* étrange.	*Anruf*
2. Ce plan est un *coup de génie.*	________
3. Bravo! C'était un *coup de maître.*	________
4. 2000 euros! C'est un *coup de chance.*	________
5. Il m'a donné un *coup de pied.*	________

On ne sait pas encore si des diamants ou de l'argent ont été *volés.* Le coup de téléphone pose aussi un problème aux *enquêteurs...»*	*stehlen* *Ermittler*
Je repose le journal. *Rien d'intéressant* pour moi. *En tout cas,* si Lacour est mort dans la nuit, ce n'est pas Yaya qui l'a tué. *Quand* je l'ai vu sortir de chez Lacour, il n'avait *sûrement* tué personne. Alors je dois *suivre la piste* des *propriétaires* du magasin de dessous. Je regarde ma *montre,* bientôt 16 heures, le *défilé* est annoncé pour 18 heures. *Il faut que je me dépêche* si je veux me *maquiller* pour *ressembler* aux clientes potentielles de ce genre de boutiques.	*nichts Interessantes* *jedenfalls* *als* *bestimmt* *der Spur folgen; Eigentümer; Uhr* *Modenschau; ich muss mich beeilen; schminken; ähneln*
Quand j'arrive devant la boutique il y a déjà *beaucoup de monde.* Toutes sortes de nationalités sont *représentées.*	*viele Menschen* *vertreten*

TEST 2: *qui* oder *que*?

Mit *c'est qui* und *c'est que* betont man Satzteile. Versuchen Sie es.

1. *C'est* un coup de téléphone ______ a signalé le crime à la police.
2. *C'est* alors ______ la concierge a parlé à la police.
3. *Ce* n'*est* pas Yaya ______ a tué le diamantaire.
4. *C'est chez* Katinka ______ le défilé va avoir lieu.

Heben Sie nun die unterstrichenen Satzteile hervor.

6. La concierge a parlé à la police.
7. Elle n'avait pas vu Lacour depuis deux jours.
8. Katia salue les invités qui arrivent pour voir le défilé.

Les Français en rient

Une petite fille ouvre la porte de la salle de bains au moment où son père sort de la douche. Elle court vers sa mère:

– Maman! Maman! Je crois bien que papa est un garçon.

Il y a des Américaines, des *Japonaises*, des Allemandes, des Françaises bien sûr et des Russes.	*Japanerinnen*
Tout ce *petit monde* se connaît et *papote* dans toutes les *langues*. Il y a beaucoup de journalistes de mode, mais aussi de riches clientes et quelques femmes de la jet-set.	*Gesellschaft; plaudern; Sprache*
Parmi toutes ces femmes élégantes, je *distingue* un visage *familier*. C'est Joséphine Privat, *l'ancienne fiancée* de mon frère Yves. *J'espère* qu'elle ne va pas me *reconnaître*! J'essaie de me *fondre* dans la *foule* et *j'aperçois* encore deux visages bien connus. Zut, je *crains* d'*être obligée de* quitter la boutique et de *repartir bredouille*. Mais le *danger s'éloigne*, les deux femmes quittent le magasin. Ouf!	*unter; erkennen vertraut; ehemalige Verlobte; hoffen erkennen; untertauchen; Menge; bemerken; befürchten; müssen; nichts erreichen Gefahr; sich entfernen*
Je suis *malgré tout* très nerveuse. *Comme* le défilé va *avoir lieu* dans un salon *à part*, je me dirige vers *le fond* de la boutique.	*trotz allem; da stattfinden; nebenan rückwärtiger Teil*

TEST 3: Setzen Sie in die indirekte Rede

Direkte Rede	Indirekte Rede
Anne: Je vais quitter Paris.	Anne dit **qu'***elle va* quitter Paris.
Anne: Tu viens avec moi?	Anne demande **si** *je* viens avec *elle*.

1. Vous voulez acheter des dessous?
   La vendeuse demande à Marie __ __ _____ acheter des dessous.
2. Est-ce que des diamants ont été volés?
   On ne sait pas ___ des diamants ont été volés.
3. Ce n'est pas Yaya qui l'a tué.
   Marie croit _____ ce n'est pas Yaya qui l'a tué.
4. Je connais deux Katinka.
   Eric dit à Marie ____ ___ __________ deux Katinka.
5. Tu peux rentrer chez toi.
   Marie dit à Fred ___ _____ rentrer chez _______.

A l'entrée du salon, deux femmes attendent. L'une, très grande, très brune et *maigre à faire peur*, a dû être très belle dans sa *jeunesse*. Sûrement un top-modèle *reconverti* dans le *commerce*. L'autre, plus jeune, est une *rousse* aux yeux verts. Elle me *sourit* et montre ses *dents* d'une *blancheur éclatante* en me demandant mon invitation. Je la lui *tends*. Elle me *remercie* avec une phrase charmante. Je reconnais alors un *léger* petit accent russe. Ce *doit être* Katia.

– Vous êtes journaliste? demande-t-elle.
– Je suis *pigiste* au magazine «Elégance» à Lyon.

zum Fürchten mager
Jugend
sich umschulen lassen
Handel; Rothaarige
lächeln; Zahn; strahlendes Weiß
reichen; danken
leicht
muss sein
freie Journalistin

TEST 4: Setzen Sie ein: *tous, tout, toute* oder *toutes*

1. Les invités sont _______ très élégants.
2. _______ ce petit monde se connaît.
3. _______ les nationalités sont représentées.
4. Ils papotent dans _______ les langues.
5. Marie est _______ nerveuse.

TEST 5: Bauen Sie die Sätze um

1. Devant la boutique il y a déjà *du* monde. (Fügen Sie *beaucoup* ein)
2. Elle me sourit et me demande mon invitation. (Verwenden Sie ein Gerund)
3. Je tends <u>mon invitation à la dame</u>. (Ersetzen Sie Unterstrichenes durch Pronomen)
4. Je connais deux Katinka. (Setzen Sie in die indirekte Rede)
Eric <u>a dit</u> à Marie _______________ deux Katinka.

Les Français en rient

Les derniers mots d'un hypocondriaque:
– Je vous ai toujours dit que j'étais malade.

Wodka mit Katia

14 *Vodka avec Katia*

Katia semble *croire* mon *mensonge* et me *prend par la main.*

– *Suivez-moi*, me dit-elle, je vais vous trouver une bonne place. Nous entrons dans un salon bien *éclairé* et décoré avec de belles photos de mannequins. Nous *croisons* des femmes *habillées* à la dernière mode. Katia a un *mot gentil* pour *chacune.*

– Voilà, *mettez-vous* là, vous serez bien.

Je *m'installe* là où quelques chaises sont réservées à des *invités de marque.* Katia s'en va en parlant *çà et là* avec des *personnes de connaissance.* Peu à peu, les *rangs se remplissent. Les meilleures* places sont *occupées.* Le défilé commence avec une bonne demi-heure de *retard.*

Ludmilla nous *fait un* petit *discours* en anglais, en français et puis elle *donne le feu vert* pour le défilé.

glauben; Lüge; bei der Hand nehmen
Folgen Sie mir
beleuchten
begegnen
gekleidet
freundliches Wort; jede
Setzen Sie sich
sich niederlassen
hohe Gäste
hier und dort; Bekannte
Reihe; sich füllen; die besten; besetzt
Verspätung
eine Rede halten
grünes Licht geben

Im BLICKPUNKT

1. Reflexive Verben	Les rangs *se sont remplis.*
2. Die Formen von *quel*	*Quel* est votre *prénom*?

TEST 1: Die Formen von *quel*

1. *Was* sind Ihre Pläne?	________ sont vos projets?
2. *Wie viel* Uhr ist es?	________ heure est-il?
3. *Wie* ist das Wetter?	________ temps fait-il?
4. *Was* für ein Unglück!	________ malheur!

Les Français en rient

– Chéri, dis-moi ce que tu aimes *mieux*, une femme jolie ou une femme intelligente?

– Ni l'une ni l'autre, chérie. Tu sais bien que je n'aime que toi.

Il y a toutes sortes de modèles d'un *raffinement incroyable* et les femmes qui les portent sont très belles. J'ai *un* petit *coup de cœur pour* une *chemise de nuit* transparente et pour quelques bikinis *ravissants*. Le défilé *se déroule* normalement mais Katia, qui s'est installée près de moi, me *fixe bizarrement* depuis que j'ai fait tomber mon sac avec tout mon *bric-à-brac* et *entre autres* les petits cartons jaunes trouvés chez Yaya.	*Erlesenheit* *unglaublich* *sich verlieben in; Nacht-hemd* *entzückend; verlaufen* *anstarren* *eigenartig* *Krimskrams; unter anderem*
Après la présentation, nos *hôtesses* nous invitent à passer dans la *pièce voisine* où le buffet est *dressé*. Il y a des pyramides de *petits fours* et de *canapés*, ainsi que toutes sortes de *boissons*: du vin rouge en *carafe*, du cidre, de la limonade, des *jus de fruits* et même du champagne.	*Gastgeberin* *Nebenraum; angerichtet* *Gebäck; Häppchen* *Getränk* *Krug; Fruchtsaft*
Les conversations *vont bon train*. Les verres *tintent* et les dames *engloutissent* toutes ces bonnes choses sans *se soucier de* leur *ligne*.	*lebhaft sein; klingen* *verschlingen* *sich sorgen um; Figur*

TEST 2: Setzen Sie ins Passé composé

1. Katia *s'en va* en parlant.	Katia ______________ en parlant.
2. Tu *t'en vas*?	Tu ______________
3. Nous *nous en allons*.	Nous ______________
4. Les rangs *se remplissent*.	Les rangs ______________

Les Français en rient

Les petits diables de l'enfer[1] proposent[2] aux petits anges du ciel[3] de faire un match de football.

– Nous, on veut bien, disent les anges. Mais vous savez bien que les *meilleurs* joueurs sont chez nous.
– Possible, disent les diables, mais où sont les arbitres[4]?

1 Teufel der Hölle 2 vorschlagen 3 Engel des Himmels 4 Schiedsrichter

Katia est toujours près de moi. Elle m'a apporté	
une *assiette* de canapés *au* caviar et un verre de	*Teller; mit*
vodka.	
– Vous aimez la vodka?	
– Je n'en ai jamais *bu*…	*trinken (boire)*
– Alors, *trinquons*! dit-elle.	*anstoßen*
Je bois. Ce n'est pas très bon, mais ça *réchauffe*	*den Magen wärmen*
l'estomac. J'en demande un deuxième *verre.*	*Glas*
– Eh bien, comment trouvez-vous cette vodka?	
demande-t-elle.	
– On *s'habitue* vite.	*sich gewöhnen an*
– *Chez moi,* dit-elle, j'en ai *une bien meilleure.*	*zu Hause; einen viel*
Elle est assez directe, cette Katia, et je me	*besseren*
demande *ce qu'elle me veut* exactement.	*was sie von mir will*
– Un jour, peut-être, je *viendrai* chez vous,	*kommen*
madame…	
– Il faut m'appeler Katia et me *tutoyer,* ma chère.	*duzen*
Et vous, quel est votre *prénom*?	*Vorname*
– Marie.	
– *Comme c'est joli,* Marie. Est-ce que vous êtes	*Wie hübsch!*
satisfaite de notre collection?	*zufrieden mit*
– Oh, oui.	
– Vous allez pouvoir écrire un bon article pour	
votre magazine. Vous *publiez* quand?	*veröffentlichen*

TEST 3: *Mieux* oder *meilleur*?

Adjektiv:	bon, meilleur, le meilleur	(veränderlich)
Adverb:	bien, mieux, le mieux	(unveränderlich)

1. Der *beste* Platz ist besetzt.	La ________ place est occupée.
2. Dieser Wodka ist *besser.*	Cette vodka est ________.
3. Mögen die *Besten* gewinnen!	Que les ________ gagnent!
4. Morgen geht es dir *besser.*	Ça ira ________ demain.
5. Ich fühle mich schon *besser.*	Je me sens déjà ________.

– Vous savez, c'est juste un test, *en fait* je ne pense pas qu'on le publie, dis-je *prudemment.*	*eigentlich* *vorsichtig*
– Ah oui, je comprends! Dites-moi, est-ce qu'un reportage *complet* sur l'industrie de la *lingerie* vous intéresserait?	*umfassend; Unterwäsche*
– *Sans doute...*	*wahrscheinlich*
Peu à peu les dames s'en vont et *je ne sais plus quoi dire* à Katia:	*Ich weiß nicht, was ich noch sagen soll*
– Eh bien, Katia, j'ai *été très heureuse* de faire votre *connaissance*. J'espère que *nous nous reverrons*. Je dois partir maintenant...	*sich freuen* *Bekanntschaft* *wir sehen uns*
Elle me *retient la main.*	*die Hand festhalten*
– Attendez, *il faut que je* vous *présente à* Ludmilla!	*ich muss; vorstellen*
Elle appelle alors la femme qui a *présenté* le défilé de mode. Celle-ci *s'approche* de nous.	*vorstellen* *sich nähern*
– Ludmilla, ma chère, je ne vous ai pas encore présenté cette jeune femme. Marie, voilà mon *associée*, Ludmilla.	*Partnerin*
– *Enchantée*, fait-elle d'un air *fatigué.* Je suis *crevée*, cette journée m'a *épuisée*!	*sehr erfreut; müde* *erledigt; erschöpfen*

TEST 4: Ersetzen Sie die unterstrichenen Ausdrücke

1. Vous aimez la vodka?	Je n'__ ai jamais bu.
2. Vous prenez encore du vin?	Oui, j'__ prends encore un verre.
3. J'ai une bouteille de vodka qui est bien meilleure.	J'__ ai une bouteille qui est bien meilleure.
4. Prenez le temps de bien goûter cette vodka.	Prenez le temps de bien _____ goûter.

TEST 5: Übersetzen Sie

1. *Folgen Sie mir, bitte.*	______________
2. *Setzen Sie sich dorthin.*	______________
3. *Mögen Sie keinen Wodka?*	______________
4. *Noch etwas Champagner?*	______________
5. *Also stoßen wir an.*	______________

15 *Problèmes au volant*

Ludmilla se laisse tomber *lourdement* dans un *fauteuil.*	*schwerfällig* *Sessel*
– Elle est journaliste de mode, continue Katia sans *se préoccuper de la fatigue de* Ludmilla. J'ai pensé que nous pourrions l'*aider.*	*sich kümmern; Müdigkeit; helfen*
– Je veux bien vous aider, ma petite, mais aujourd'hui ce n'est pas très bien. Revenez donc une autre fois, *je n'en peux plus.*	*ich kann nicht mehr*
– S'il vous plaît, Ludmilla, moi aussi je suis *crevée* mais j'ai besoin de *distraction.* Invitons Marie à souper. Un souper russe, me dit-elle, ça va vous intéresser!	*erledigt; Ablenkung*
Je réfléchis un instant et *la vodka aidant,* je dis oui. Après encore quelques *verres,* Ludmilla décide de *prendre le volant* direction Marne-la-Vallée. Elle n'est pas très *fraîche,* mais *se sent* tout à fait *capable* de conduire.	*der Wodka trägt dazu bei; Glas* *sich ans Steuer setzen* *frisch; sich fähig fühlen*
Nous sortons de Paris avec difficulté à cause des *bouchons* puis Ludmilla *appuie sur l'accélérateur* et me dit en riant:	*Stau; Gas geben*

Im BLICKPUNKT

Schwerpunkt	Beispiel
1. Auto und Verkehr	appuyer sur l'accélérateur
2. Imparfait *oder* Passé composé	je savais *oder* j'ai su?

TEST 1: Wohin mit den Verben des Autofahrens?

appuyer • démarrer • passer • prendre

1. *sich ans Steuer setzen*	________ le volant
2. *das Auto starten*	faire ________ la voiture
3. *in den 1. / 2. Gang schalten*	________ en première / deuxième
4. *Gas geben*	________ sur l'accélérateur

– Allez, ma petite, *attachez votre ceinture*, je vais vous montrer comment on *conduit*, nous les Russes!	*sich anschnallen* *Auto fahren*
Je me demande pourquoi j'ai accepté cette invitation et *je suis morte de peur*. Les deux autres *rigolent et plaisantent* quand tout à coup une sirène de police *retentit*.	*Todesangst haben* *lachen und scherzen* *ertönen*
– Ludmilla, la police, *ralentissez*! dis-je. Mais plutôt que de ralentir, la Russe *accélère* et nous voilà parties à toute *allure*, *poursuivies* par la police. Finalement notre *conductrice perd le contrôle* de sa voiture et tombe dans *le fossé*. Heureusement, personne n'est *blessé*.	*langsamer fahren* *beschleunigen* *Geschwindigkeit; verfolgen; Fahrerin; Kontrolle verlieren; Graben; verletzen*
– Papiers, s'il vous plaît, nous demande un des policiers qui nous *poursuivaient*. Ludmilla les lui *tend*. – *Soufflez* dans le ballon, s'il vous plaît!	*verfolgen* *reichen* *pusten*
Ludmilla *obéit* sans discuter et *à la vue du* résultat, la police *l'emmène* au poste *le plus proche*. *Quant à nous*, un taxi nous conduit chez Katia.	*gehorchen; angesichts; mitnehmen nächste; was uns angeht*

TEST 2: Intelligentes Raten für Autofahrer

1. Wer von ihnen ist Berufsfahrer?
   A. conducteur B. chauffeur C. automobiliste ______
2. Um welche Papiere des Autofahrers handelt es sich?
   A. permis de conduire ______
   B. la carte verte ______
   C. la carte grise ______
3. Welche Schlange ist keine Autoschlange?
   A. un embouteillage B. un bouchon C. une queue ______
4. Was sollte man bei einer Polizeikontrolle nicht tun?
   A. freiner B. accélérer C. ralentir ______

Jusqu'à présent nous *n'avons pas échangé une parole.* Arrivée chez elle, Katia donne des *ordres* au gardien de la maison afin qu'il *s'occupe de* la voiture, puis elle téléphone à l'ami de Ludmilla et *s'écroule en larmes dans un fauteuil.*	*nicht ein Wort wechseln; Anweisungen sich kümmern um sich weinend in einen Sessel fallen lassen*
– Je n'en peux plus. Aidez-moi!	
– Racontez-moi tout, je ne suis pas journaliste, *mais* détective privée.	*sondern*
– Ah bon? Et elle *se remet à pleurer de plus belle.*	*noch mehr zu weinen beginnen*
– Buvez ça, lui dis-je en lui *tendant* un café que nous a préparé sa *domestique.*	*reichen; Hausangestellte(r)*
Elle *se calme* et commence son récit.	*sich beruhigen*
– Voilà, quand vous avez ouvert votre sac tout à l'heure j'ai *aperçu* le petit carton jaune. J'ai tout de suite *reconnu* le nom de l'établissement où les amis de Yaya nous *retenaient prisonnières.* C'était un bordel tenu par des *compatriotes, dont je me suis enfuie.* Il y avait des filles de tous les pays, surtout de l'Est.	*bemerken; wieder erkennen; gefangen halten; Landsleute; fliehen vor*
– Yaya vous a retrouvée et vous *fait chanter,* c'est ça?	*erpressen*

TEST 3: Konversation mit der Polizei

Machen Sie aus dem Buchstabensalat wieder Wörter.

1. *Dendescez* de la voiture.	Oui, monsieur l'agent.
2. Est-ce que quelqu'un est *sésble*?	Non, personne.
3. *Mertnoz* vos papiers.	Voilà, monsieur.
4. *Ovuzer* le coffre[1].	Un moment, monsieur.
5. Vous avez *dasépsé* la limitation de vitesse.	Je suis désolé(e), je n'ai pas vu le panneau.
6. Avez-vous *nocsémom* de l'alcool?	Pas une goutte, monsieur.
7. *Sefofluz* dans le ballon.	Très volontiers.
8. *Sivuze*-nous au poste de police.	C'est vraiment nécessaire?

1 Kofferraum

– C'est exactement ce qui m'*arrive*, et je n'ai plus d'argent, je ne peux plus payer. Je suis devenue une *commerçante honorable grâce à* Ludmilla et *même si* j'ai commencé *sur le trottoir*, c'est fini!	*passieren* *Kauffrau; ehrbar* *dank; selbst wenn* *auf dem Strich;*
– Yaya vous fait chanter *depuis longtemps*?	*seit langem;*
– *Depuis que* je me suis associée avec Ludmilla et que je *gagne ma vie de façon honnête*. Voilà, je vais tout vous raconter. Nous étions deux amies et nous allions encore au lycée quand nous avons *lu* une petite annonce dans le *journal local:* «*Metteur en scène* français cherche jeunes filles pour film historique». Notre *rêve*, à Tania et à moi, c'était de faire du cinéma et de *quitter* la Russie. Nous sommes allées au rendez-vous et nous y avons *rencontré* un homme très *aimable* qui nous a fait passer un casting et nous a *annoncé* quelques jours plus tard que nous étions *les meilleures* et que nous avions un *contrat* pour aller à Paris. Nous étions si heureuses que nous avons tout *signé* sans rien lire et que *nous avons tout quitté* pour aller en France.	*seit* *seinen Lebensunterhalt ehrlich verdienen* *lesen; Lokalblatt* *Regisseur* *Traum* *verlassen* *treffen; freundlich* *mitteilen* *die Besten* *Vertrag* *unterschreiben* *Wir haben alles verlassen*

TEST 4: *Imparfait* oder *Passé composé*

1. Ma femme (*avoir*) un accident terrible l'autre jour. Elle (*avoir*) la priorité[1] mais l'autre (*avoir*) un tracteur.
2. Deux dames (*bavarder*) à la terrasse d'un café.
   - Comment vous (*connaître*) votre second mari[2]?
   - De la façon la plus romantique. Il (*conduire*) la voiture qui (*écraser*[3]) mon premier mari.
3. Un célibataire expliquait pourquoi il (*ne pas être*) toujours marié.
   - A chaque fois que je (*faire*) la connaissance[4] d'une femme qui (*cuisiner*[5]) comme maman, elle (*ressembler*[6]) à papa.

1 Vorfahrt 2 Ehemann 3 überfahren 4 kennen lernen 5 kochen 6 ähneln

Enthüllungen

16 *Révélations*

Katia *allume* une cigarette et semble *étudier* le *dessin* du *tapis persan.*

- Et alors? Dis-je pour *rompre le silence.* Qu'est-ce que vous avez fait, Tania et vous?
- Arrivées dans la *capitale*, Yaya, c'était lui *le faux metteur en scène*, nous a installées dans un *hôtel de passe*, c'est ce bordel *dont* l'adresse est sur les cartons jaunes, nous a pris nos *passeports* et nous a *abandonnées* à un type *nommé* Jérôme. Celui-ci nous a *battues, violées* et mises sur le trottoir. C'était *affreux.* Pendant plusieurs *mois,* nous *avons dû obéir.*
- Et Yaya vous a laissées partir comme ça?
- Mais non! Par hasard, j'ai *récupéré* mes papiers et je *me suis enfuie.*
- Tania, c'est une grande blonde?
- Oui. Pourquoi? Vous l'avez *rencontrée*?
- Peut-être. Vous savez *ce qu'elle est devenue*?
- Non, un jour, elle a *disparu.* Elle est sans doute morte, *sinon* je l'aurais revue.

anzünden; studieren
Muster; Perserteppich
das Schweigen brechen
Hauptstadt; der falsche Regisseur; Stundenhotel; dessen
Pass
ausliefern; namens
schlagen; vergewaltigen; schrecklich
Monat; gehorchen müssen
zufällig; wieder erlangen; fliehen
treffen
was aus ihr geworden ist; verschwinden
andernfalls / sonst

Im BLICKPUNKT

Schwerpunkt	Beispiel
1. Der Konjunktiv (*Subjonctif*)	Siehe *Solutions* Test 3, 4
2. Veränderlichkeit des Partizips	Il nous a *installées* dans un hôtel.

TEST 1: Setzen Sie ins *Passé composé*

1. Yaya nous installe, Tania et moi, dans un hôtel de passe.
2. Il nous abandonne à un type nommé Jérôme.
3. Jérôme nous prend nos passeports.
4. Jérôme nous met sur le trottoir.
5. Katia récupère ses papiers et elle s'enfuit.

Révélations

Enthüllungen **16**

Je me *revois* devant l'armoire dans l'appartement de Yaya et j'ai un terrible *soupçon.*

– Vous, vous avez eu de la *chance*!

– Ah oui! C'est *le cas de dire.*

Après un long silence elle continue.

– J'ai été *recueillie* par Ludmilla, que j'ai rencontrée dans un bar russe. Je lui ai raconté que *j'arrivais* directement de Russie et que je *cherchais* du travail. Elle m'a tout de suite engagée dans son *atelier de couture* et j'ai tellement bien travaillé que je suis *devenue* son associée.

Un jour où je suis allée, *par hasard,* au restaurant de Yaya *sans savoir* qu'il en était le propriétaire, il m'a *reconnue,* m'a *suivie* et a compris que je gagnais bien ma vie. Il a alors *menacé* de tout raconter à Ludmilla.

Pour acheter son *silence,* je le *paie* depuis deux ans, mais je n'ai plus d'argent et j'ai *volé* quelque chose à Ludmilla *alors qu'*elle me loge et me *nourrit.* Je lui ai volé un diamant *auquel* elle *tient beaucoup* et je l'ai donné à Yaya *à la place de* l'argent.

– Il faut qu'on le récupère *avant qu'*elle ne *s'aperçoive* de sa *disparition,* dis-je.

wiedersehen
Verdacht
Glück
das kann man wohl sagen
aufnehmen
ankommen
suchen
Modeatelier
werden
zufällig
ohne zu wissen
wiedererkennen
folgen; drohen
Schweigen; bezahlen; stehlen
obwohl; ernähren
sehr hängen an
an Stelle von
bevor; bemerken
Verschwinden

TEST 2: Setzen Sie die Sätze in das Passiv

1. Yaya installe Tania et Katia dans un hôtel.
Tania et Katia
________________________ par Yaya.

2. Jérôme les met sur le trottoir.
Elles
______________________________ par Jérôme.

3. Jérôme les a violées et battues.
____

4. Ludmilla a recueilli Katia chez elle.
____

Après ses *aveux*, nous *bavardons* de choses et d'autres et je lui *remonte le moral*. Il est possible que Ludmilla *s'aperçoive* de la disparition de son diamant, mais elle ne *soupçonnera* peut-être pas Katia. Entre-temps, j'aurai peut-être *réussi* à récupérer le diamant. Je *promets* cela bien *imprudemment* à Katia pour qu'elle arrête de pleurer et je passe la *fin* de la nuit dans une chambre que Katia a *mise à ma disposition*. Il est *presque* cinq heures du matin quand Katia me quitte pour aller dormir.

Geständnis; plaudern; Mut machen; bemerken; verdächtigen; gelingen; versprechen; unvorsichtigerweise; Ende; zur Verfügung stellen; beinahe, fast

Le *lendemain*, je retrouve Eric au bureau et nous discutons de cette histoire.

– Eh bien, dis-je, voilà ce que je pense: Yaya, qui a reçu le diamant de Katia *en paiement*, s'adresse à Lacour pour *le vendre* ou pour le faire *expertiser*.
– Mais pourquoi est-ce que Lacour vient nous *proposer* cette enquête?
– Peut-être voulait-il *connaître* la *provenance* du diamant. C'est son métier. Il sait seulement qu'un ou une Russe *est dans le coup* et il a rendu le diamant après expertise à Yaya. Quand Yaya me *surprend* dans son appartement, il pense que je suis là pour lui voler la pierre. Il *soupçonne* alors deux personnes: Lacour et Katia.

am nächsten Tag; als Bezahlung; verkaufen; schätzen; anbieten; kennen; Herkunft; darin verwickelt sein; überraschen; in Verdacht haben

TEST 3: Unterstreichen Sie die Konjunktivformen

Elle: Darling, je voudrais qu'on aille au cinéma ce soir.
Lui: Mais nous y sommes déjà allés.
Elle: C'est vrai. Mais depuis on a inventé le cinéma parlant[1].

Une mère à sa fille de quatorze ans:
– Il faut que nous ayons une conversation sur les choses sexuelles.
– Oui, maman, qu'est-ce que tu veux savoir?

1 Tonfilm

– Je comprends, m'*interrompt* Eric. D'abord il va chez le diamantaire. *Celui-ci* ne lui ouvre pas, puisqu'il est mort. Après cela, notre *maître-chanteur rend visite* à Katia.	*unterbrechen* *dieser* *Erpresser* *besuchen*
– C'est ça! Je *suppose* que le diamantaire a montré le diamant à un collègue. *Imaginons* que *celui-ci* n'était pas très honnête et a voulu le lui voler. Une *dispute* a pu *éclater* et Lacour a pu avoir une *crise cardiaque.* Cette pierre doit avoir une grande *valeur* pour que Lacour *ait voulu* une enquête à n'*importe* quel *prix.*	*vermuten* *nehmen wir einmal an; dieser* *Streit; ausbrechen* *Herzinfarkt* *Wert; wollen* *egal; Preis*
– Vous êtes *étonnante,* c'est votre intuition féminine qui vous *guide* dans vos *déductions*?	*erstaunlich* *leiten; Schluss-folgerung*
– Pourquoi pas, j'ai vraiment l'impression d'avoir raison. Le *responsable* de la mort de mon client est *sûrement* un de ses collègues, et *puisqu'*il m'avait *embauché,* nous continuons notre enquête et nous essayons de sortir Katia de ce *mauvais pas.*	*Verantwortliche(r)* *bestimmt; da* *beauftragen* *Klemme*
– Vous allez chez Yaya?	
– Bien sûr, et tout de suite.	
– Je vous *accompagne,* me dit mon gentil employé.	*begleiten*

TEST 4: Setzen Sie die Klammern in den Konjunktiv

1. *Il est possible que* Ludmilla (*s'apercevoir*) de la disparition du diamant.
2. J'ai promis de récupérer la pierre *afin que* Katia (*finir*) de pleurer.
3. Le diamant doit avoir une grande valeur *pour que* Lacour (*vouloir*) une enquête à n'importe quel prix.
4. Dans un banquet auquel participaient[1] des diplomates anglais et allemands, on en arrive aux toasts. Un Anglais se lève et dit:
   – Je lève mon verre[2] à notre reine et que Dieu la (*bénir*)[3].
   Aussitôt un Allemand lève son verre:
   – A notre chancelière Merkel – et que Dieu nous (*venir*) en aide[4].

1 teilnehmen 2 ich trinke auf das Wohl 3 segnen 4 Gott sei uns gnädig

In der Höhle des Löwen

17 *Dans la cage aux lions*

Nous entrons dans le restaurant. *Il n'est que* onze heures du *matin*, mais Yaya est déjà là. Il me regarde mais ne dit rien. Je *m'approche* et dis:

- Je ne sais pas si vous me *reconnaissez*?
- Je vous reconnais.
- Mais vous ne savez pas qui je suis?

Je lui *tends* ma carte et j'annonce:

- Paulard, détective privée!
- Et alors?
- Je voudrais parler un peu avec vous.

Yaya prend un air *étonné*.

- Parler *de quoi*?
- De *trafic d'êtres humains*, de *proxénétisme*, de *chantage*.
- *Vous voulez rire.*
- Pas du tout. Je vous *propose* une chose...
- *Laquelle*?
- A partir d'aujourd'hui, vous *laissez* Katia *en paix* et je ne *m'occupe* plus *de* la blonde de *l'armoire*.

es ist erst ...
Vormittag
näher treten
wieder erkennen
überreichen
erstaunt
über was?
Menschenhandel; Zuhälterei; Erpressung
Sie scherzen
vorschlagen
welche?
in Ruhe lassen
sich kümmern um
Schrank

Im BLICKPUNKT

Schwerpunkt	Beispiel
1. Negation	Dans l'armée on *ne* fait *rien*.
2. Konjunktiv	pour faire *oder* pour qu'on fasse?

TEST 1: Wählen Sie: *aucun, plus, que* oder *rien*

1. Il *n*'est _____ onze heures du matin.
2. Marie *ne* peut _____ prouver en ce qui concerne Yaya.
3. *Ne* parlons _____ de cette affaire.
4. Yaya *ne* veut _____ mal à Marie et Eric.
5. Katia *n*'a _____ d'argent.

– Ce n'était pas Katia qui vous avait *envoyée* chez moi pour *fouiller* dans mes affaires?	*schicken* *durchsuchen*
– Non, c'était Lacour.	
– Lacour! *Ça alors!*	*also so etwas!*
– Oui, le diamantaire qui est *mort récemment.*	*kürzlich verstorben*
– Vous n'allez pas *m'accuser* de l'avoir tué?	*beschuldigen*
– Non, je pense que vous n'*êtes pour rien dans* sa mort, mais il reste la blonde de l'armoire.	*nichts damit zu tun haben*
– Ecoutez, dit-il, venez dans mon appartement, nous *serons* plus *au calme* pour discuter.	*mehr Ruhe haben*
– J'ai mon revolver dans ma *poche*, dit Eric.	*Tasche*
– *N'ayez aucune crainte*, lui répond Yaya, je *ne* vous *veux aucun mal.*	*haben Sie keine Angst; nichts Böses wollen;*
Nous entrons dans la pièce *avec la fameuse armoire.*	*mit dem bewussten Schrank*
Yaya *s'installe* devant et nous présente deux chaises.	*sich setzen;*
– Bon, que voulez-vous *au juste*?	*eigentlich;*
– Que vous *laissiez* Katia *tranquille* et que vous répondiez à quelques questions.	*in Ruhe lassen*

TEST 2: Ergänzen Sie die Verneinung

1. Il n'y a ___ deux sortes de personnes qui ne devraient pas faire deux fois la même erreur[1]: les parachutistes[2] et les jeunes filles. (*nur*)

2. Si les femmes ne faisaient _____ d'erreurs, les hommes seraient tous célibataires[3]. (*niemals*)

3. Entre Adam et Eve, la conversation était parfois difficile: ils ne pouvaient parler de _____. (*niemand*)

4. Pendant le service militaire on ne fait _____, mais on le fait très tôt le matin et ensemble. (*nichts*)

1 Irrtum 2 Fallschirmspringer 3 Junggeselle

– Pour Katia, c'est d'accord. *D'ailleurs* je n'ai pas *peur* de vous, car vous ne pouvez rien *prouver en ce qui me concerne.* Mais je sais que Katia n'a plus d'argent et si je l'ai *menacée d'augmenter mes tarifs,* c'est que je voulais lui *faire peur.* Quand je vous ai *surprise* chez moi, *l'autre jour,* j'ai pensé que c'était elle qui vous avait envoyée. Mais bon, je *m'engage* à la laisser tranquille. Quand une *vache* n'a plus de *lait,* il faut accepter de ne plus pouvoir la *traire.*	*übrigens Angst; beweisen; was mich betrifft drohen; Preise erhöhen; Angst machen überraschen; neulich sich verpflichten; Kuh Milch melken*
– Charmante *image*...	*Bild*
– C'est un *proverbe* de mon pays, dit-il *en souriant.*	*Sprichwort; lächelnd*
– Et à Lyon? C'était organisé par vous?	
– Une simple *mesure d'intimidation,* dit-il avec un sourire *froid,* n'en parlons plus et j'oublie notre amie Katia.	*Einschüchterungsmaßnahme; kalt*
– D'accord, mais j'ai encore quelques détails à *éclaircir.*	*aufklären*
– *A quel sujet?*	*Um was geht es?*
– Au sujet de la blonde et du diamant. Il *soupire.*	*seufzen*
– Katia vous a donné un diamant, il faut le lui *rendre*!	*zurückgeben*
– Je l'ai *vendu* et je ne vous dirai pas à qui!	*verkaufen*

TEST 3: Vergleichen Sie! Erkennen Sie die Regel?

Wann steht Infinitiv statt des Nebensatzes mit *que*?

1. Eric et Marie sont partis *sans avoir récupéré* le diamant.
Eric et Marie sont partis *sans que* Yaya *ait* rendu le diamant.

2. Marie voulait trouver la pierre *afin de classer* l'affaire[1].
Marie voulait trouver la pierre *afin que* l'affaire soit classée.

3. Marie voulait parler à Yaya *pour éclaircir* quelques détails.
Marie voulait parler à Yaya *pour qu'*il *laisse* Katia en paix.

1 die Angelegenheit abschließen

J'ai la *nette* impression qu'il me *ment.* Mais je continue mon *interrogatoire.*

- C'est vous qui avez *provoqué* la mort du diamantaire?
- Non. Je suis allé chez lui pour lui demander des *explications au sujet de* votre *intrusion* chez moi. Il ne m'a pas ouvert, et *pour cause.*
- Ecoutez, lui dis-je, *agacée,* et si j'allais tout raconter à la police?
- A quel sujet?
- *Au sujet* de la blonde dans cette armoire-là. Je crois que vous avez tué *une certaine* Tania.

Il *sourit,* se lève et me dit:

- Vous voulez la voir?

Et en disant cela, il ouvre la porte de l'armoire. La blonde est toujours là, mais *habillée en* princesse, avec une perruque et de très beaux bijoux. Je *m'approche* et je vois que ce n'est pas un cadavre mais un mannequin en caoutchouc. Maintenant Yaya *rit aux éclats* devant nos *mines déconfites.*

- Je la *loue* à des personnes qui ont des *goûts* un peu *particuliers,* dit-il, et il *s'empresse* de refermer la porte de l'armoire.

deutlich; lügen
Befragung
schuld sein an
Erklärung; Eindringen; aus gutem Grund; gereizt
über
eine gewisse
lächeln
gekleidet als
näher treten
schallend lachen
betretene Mienen
vermieten; Geschmack; besonders; sich beeilen

TEST 4 : Vorsicht, *Subjonctif*!

Übersetzen Sie die Ausdrücke in Klammern.

1. Papa et maman, disent deux petits kangourous, mettez-vous chacun à un bout du jardin, (*damit wir können*) jouer au basket-ball.
2. Une belle-mère[1] est une dame qui donne sa ravissante[2] fille à un monstre horrible (*damit sie machen*) ensemble les plus adorables[3] enfants du monde.

1 Schwiegermutter 2 entzückend 3 die allerliebsten

Die Ermittlung geht weiter

18 *L'enquête continue*

Nous rentrons au bureau en silence. Je suis *furieuse* de m'être trompée et j'*ai honte* d'avoir *perdu la face* devant Yaya et Eric. Plus tard je téléphone à Katia pour lui annoncer que son *maître chanteur* va *désormais* la *laisser en paix.*

- Bonjour, ici Marie, puis-je parler à Katia?
- *Je vous la passe.*
- Allô? C'est Katia.
- Katia, tout est arrangé, Yaya vous *laissera tranquille* maintenant, dis-je *fièrement.*
- Oh, merci, je *suis* si *contente.*

J'ai l'impression qu'elle va *pleurer* de *joie* et je m'*empresse* de continuer.

- Tout n'est pas réglé. Il y a encore le problème du diamant. Je n'ai pas *réussi* à le récupérer. Dites-moi, je voudrais vous poser une question à ce sujet.
- Oui?
- Avait-il une *caractéristique particulière?*

wütend; sich schämen; das Gesicht verlieren
Erpresser; von nun an; in Frieden lassen
ich gebe Sie Ihnen
in Ruhe lassen
stolz
froh sein
weinen; Freude
sich beeilen
gelingen
besonderes Merkmal

Im BLICKPUNKT

Schwerpunkt	Beispiel
1. Der Infinitiv mit *de* und *à*	Un diamant est difficile *à vendre.*
2. Französisch am Computer	*taper* quelque chose sur le *clavier*

TEST 1: Sie haben die Wahl: Infinitiv mit *à* oder *de*?

1. Une jeune fille devient femme quand elle *finit* ___ *chercher* l'homme idéal et *commence* ___ chercher un mari.

2. Autrefois les seins[1] d'une femme *servaient* ___ *nourrir*[2] les bébés; aujourd'hui ils *servent* ___ *nourrir* les cinéastes[3].

3. Un gentleman est un monsieur qui, *en train* ___ *décrire*[4] une jolie fille, ne se sert pas de ses mains.

1 Brüste 2 ernähren 3 die Leute vom Film 4 dabei sein zu beschreiben

– Je ne crois pas. Il faut dire que je ne *m'y connais* pas bien.	*sich auskennen*
– *Réfléchissez* un peu! Il existe peut-être un document. Ludmilla l'a sans doute fait *assurer* ou *évaluer.*	*nachdenken* *versichern; schätzen*
– Je n'ai aucune idée. Mais j'ai une photo que j'avais prise de Ludmilla *portant* le diamant. Vous la voulez?	*tragen*
– Bien sûr, j'*envoie* quelqu'un la chercher *tout de suite.*	*schicken* *sofort*
Nous *échangeons* encore quelques banalités et je *raccroche.*	*austauschen* *auflegen*
– Eric, il faut que je *retrouve* ce diamant. Eric *soupire.* – Mais vous n'*arrêtez* donc jamais! – C'est mon métier, mon cher!	*wiederfinden; seufzen; aufhören*
L'enquête de la police sur la mort de mon client est *au point mort* et je décide d'aller *rendre visite* aux diamantaires du quartier où *habitait* Lacour.	*toter Punkt; besuchen; wohnen*

TEST 2: Übersetzen Sie die Infinitive in Klammern

1. Marie n'a pas réussi *(wieder zu beschaffen)* le diamant.
2. Elle sait que les diamants sont difficiles *(zu verkaufen).*
3. Il est difficile *(zu verkaufen)* un diamant aussi gros.
4. Elle décide *(zu besuchen)* les diamantaires du quartier.
5. Elle pense que Jean Bon n'a rien *(zu tun)* avec cette histoire.

Les Français en rient

Un juge[1] s'adresse à l'accusé[2]:

– Pouvez-vous prouver votre innocence[3]?
– Bien sûr, dit l'accusé, mais laissez-moi le temps de la réflexion[4].
– D'accord, fait le juge, cinq ans.

1 Richter 2 Angeklagter 3 Unschuld beweisen 4 Zeit zum Nachdenken

Le premier diamantaire me *reçoit* dans son bureau. Il	*empfangen*
est assez *aimable* et me montre toutes sortes de dia-	*freundlich*
mants. Ils sont magnifiques et j'imagine combien de	
femmes peuvent *rêver* devant.	*träumen*
– Vous ne *craignez* pas les *voleurs*?	*fürchten; Dieb*
– Notre magasin est très bien *protégé* et en plus les	*geschützt*
diamants sont difficiles *à négocier*.	*vermitteln*
– Vous connaissiez le diamantaire qui a été *agressé*	*überfallen*
récemment?	
– Lacour? Un peu. C'était un homme correct mais	
sans *envergure*.	*Format*
Il ne me semble pas très *affecté* par sa mort et n'a pas	*betroffen*
l'air *troublé* non plus. Je pense qu'il n'a rien à voir	*besorgt*
avec cette histoire et je le quitte. *Entre-temps*, j'ai une	*mittlerweile*
petite *faim* et je vais au McDo du quartier. Je *fais la*	*Hunger; sich an-*
queue quelques minutes car c'est *l'heure de pointe*.	*stellen; Stoßzeit*

TEST 3: Jemanden etwas machen lassen

Wählen Sie: *laisser faire* oder *faire faire*?

1. M. Bon: Lacour m'a ______ *venir* pour avoir mon avis sur le diamant.

2. La fille revient d'une promenade en bateau.
Mère: Comment s'est passée ta croisière[1]?
Fille: Il n'a pas seulement menti[2] au sujet de son bateau.
Il m'a aussi ______ *ramer*[3].

3. Père: Et comment s'est passée la première journée à l'école?
Fils: Eh bien, je ne sais pas lire, je ne sais pas écrire et l'instituteur[4] ne me ______ *pas bavarder*[5].

4. Les talons hauts[6] ont été inventés[7] par une femme qui ne voulait pas se ______ *embrasser*[8] sur le front[9].

1 Kreuzfahrt 2 lügen 3 rudern 4 Lehrer 5 schwätzen 6 hohe Absätze 7 erfinden 8 küssen 9 Stirn

– Vous désirez? me demande un grand type à *l'air absent.*
– Un cheese-burger, un Coca et une salade.

geistesabwesend

Il *tape* tout ça dans son *ordinateur* et me donne ma *commande.* J'aime bien le McDo parce que c'est rapide et *sans surprise.* Après ce repas, je contacte encore trois autres diamantaires qui ne semblent pas être *suspects.*

tippen; Computer
Bestellung
ohne Überraschung; verdächtig

Le cinquième s'appelle Jean Bon. Il *ressemble* beaucoup à Lacour, mais ne *semble* pas avoir beaucoup de travail. Il *est en train de* tapoter sur le *clavier* de son ordinateur quand j'entre dans sa boutique.
– Que puis-je faire pour vous? dit-il *d'un air étonné.*

ähneln
scheinen
dabei sein, etwas zu tun; Tastatur
erstaunte Miene

Je ne lui explique naturellement pas ce qui m'amène. Je *fais semblant* de chercher un *cadeau* pour la fille de mon chef, un industriel qui *roule sur l'or.* Il me montre des catalogues de pierres *précieuses* et parle de choses *sans intérêt.* Son *attitude* est bizarre. Il est nerveux, *se lève, s'assied*, et met tout à coup une main dans un *tiroir.*

vorgeben; Geschenk
im Geld schwimmen; kostbar
belanglos; Haltung
aufstehen, sich setzen; Schublade

TEST 4: Auf Deutsch, bitte

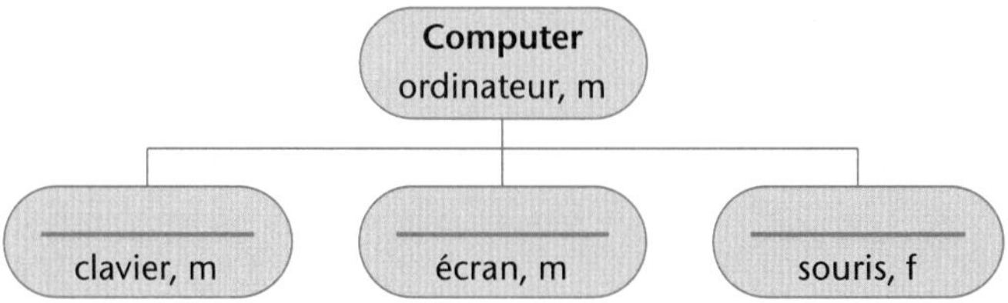

Jeder Strich ein Buchstabe. Sie enden alle auf *-able*

Desktop — l'ordinateur de **t** _ _ _ _
Laptop — l'ordinateur **p** _ _ _ _ _ _ _
Handy — le _ _ _ _ _ _ _ _ _

Je *n'en crois pas mes yeux*. Le bonhomme en sort un revolver qu'il *pointe* dans ma direction.	*seinen Augen nicht trauen; richten*
– *Haut les mains!* Alors, qu'est-ce que tu veux?	*Hände hoch!*
Je *lève les mains* et lui dis:	*die Arme heben*
– Eh bien, *curieuse façon* d'accueillir les clients.	*sonderbare Art*
– Vous n'êtes pas une cliente, mais plutôt une *voleuse*! *hurle*-t-il.	*Diebin; brüllen*
Je lui mets ma carte de visite sous le *nez* et il *se calme* un peu.	*Nase; sich beruhigen*
– Je veux savoir si on peut retrouver un diamant.	
– Montrez-le-moi, dit-il en *baissant un peu* son *arme*.	*senken; ein wenig; Waffe*
– Vous le *reconnaissez* peut-être sur cette photo.	*erkennen*
Je lui montre la photo de Ludmilla portant le diamant. Il *pose* le revolver sur le *comptoir* et regarde la photo *attentivement*.	*legen; Ladentisch aufmerksam*
– C'est bien le diamant que vous avez vu chez Lacour, n'est-ce pas, M. Bon?	

TEST 5: Wohin mit den Computerverben?

allumer • brancher • cliquer • effacer • éteindre • insérer
imprimer • mettre • sauvegarder • télécharger

den Computer *einschalten*	___________ l'ordinateur
den Computer *ausschalten*	___________ l'ordinateur
die Software *starten*	___________ en marche le logiciel
auf ein Symbol *klicken*	___________ sur un symbole
ein Bild *einfügen*	___________ une image
eine Datei *löschen*	___________ un fichier
eine Datei *speichern*	___________ un fichier
den Drucker *anschließen*	___________ l'imprimante
einen Text *ausdrucken*	___________ un texte
ein Programm *herunterladen*	___________ un programme

A ces mots, M. Bon se met à transpirer et à *trembler.* Il me dit d'une *voix chevrotante:*	*bei diesen Worten; zittern; gebrochene Stimme*
– Je vais tout vous dire. Je ne *dors* plus depuis des *semaines.* C'était un *accident.* Lacour m'a *fait venir* pour avoir mon *avis* sur un diamant. Il était magnifique. Une pièce *unique.* A son *attitude,* j'ai tout de suite compris qu'il avait été volé et j'ai pensé que je pourrais *m'approprier* la pierre.	*schlafen; Woche; Unfall; kommen lassen; Meinung; einzigartig; Verhalten; aneignen*
– Vous n'allez pas me dire que vous aviez l'*intention* de voler le diamant?	*Absicht*
– Non, c'est-à-dire pas ce jour-là. L'idée m'est venue deux jours *plus tard.* J'ai compris que Lacour ne pourrait pas *porter plainte.* Je suis donc *retourné* chez lui quelques jours plus tard *en prétextant* que j'avais *oublié* mes *lunettes.*	*später; Anzeige erstatten; zurückkehren; unter dem Vorwand; vergessen; Brille*

TEST 6: Die Übersetzung von *bringen*

amener • apporter • conduire • mettre

Bringen Sie mir ein Bier.	____________-moi une bière.
Bringt mir den Verbrecher.	____________-moi le criminel.
Taxi, bringen Sie mich zur Post.	____________-moi à la poste.
Bring das Auto in die Garage.	__________ la voiture dans le garage.

Les Français en rient

Un candidat à la présidence de la République s'adresse à un institut de sondages[1] pour connaître à l'avance[2] les résultats des élections. On met en marche un ordinateur perfectionné. La machine digère[3] lentement une masse énorme d'informations. Au bout d'une heure son verdict[4] tombe: Vous aurez 50,01% des voix[5]. Mais moi, je ne voterai[6] pas pour vous.

1 Meinungsumfragen 2 im Voraus 3 verdauen 4 Urteil 5 Stimme 6 stimmen

Eine heiße Spur

19 *Une bonne piste*

Jean Bon continue ses *aveux* en *soupirant:*	*Geständnis; seufzend*
– Pendant que Lacour cherchait mes *lunettes,*	*Brille*
j'ai *fouillé* son bureau. Il m'a surpris, *nous nous*	*durchsuchen*
sommes battus et Lacour est tombé. J'ai voulu	*kämpfen*
le *relever,* mais il était mort. Sans doute une	*aufheben*
crise cardiaque. J'ai paniqué et j'ai *filé* sans	*Herzinfarkt; sich*
prendre le diamant.	*davonmachen*
– *De toute façon,* il n'avait déjà plus le diamant *à*	*jedenfalls*
ce moment-là.	*zu diesem Zeitpunkt*
– Ah, c'est encore plus terrible, alors. *Depuis* ma	*seit*
visite chez Lacour, je ne dors plus et j'ai peur	
de tout. Je ne suis pas *un assassin, ajoute*-t-il *en*	*Mörder; hinzufügen*
pleurant.	*weinend*
– Encore une question. Comment Lacour a-t-il	
reconnu *l'origine* russe du diamant?	*Herkunft*
– Nous recevons souvent des photos de pierres	
volées et je pense qu'il a dû l'identifier. Vous	*stehlen*
allez *appeler* la police?	*rufen*

Im BLICKPUNKT

Schwerpunkt	Beispiel
1. Französisch beim Arzt	avoir une crise cardiaque
2. Präposition oder Konjunktion	pendant *oder* pendant *que*

TEST 1: Welches ist das treffendste Verb?

1. krank werden: Notre secrétaire est __________ malade.
A. devenue B. tombée C. sautée

2. krank machen: Le stress l'a __________ malade.
A. faite B. passée C. rendue

3. krank schreiben: Elle est __________ malade pour une semaine.
A. portée B. écrite C. déclarée

4. krank feiern: Mais je crois plutôt qu'elle __________ pour malade
A. se fait passer B. se fait fêter C. se fait porter

– Non, je vous laisse vous *débrouiller avec votre conscience.* Mais il faut m'aider à retrouver ce diamant. Vous n'avez pas une *piste* à me donner?	*es mit seinem Gewissen ausmachen* *Spur*
– Ecoutez, je connais un *receleur* spécialisé dans les *bijoux.* Je suis sûr qu'il a entendu parler de ce diamant. ... Et merci de ne pas *appeler la police.*	*Hehler* *Schmuck* *die Polizei rufen*
Je *prends note de* l'adresse de ce receleur et je téléphone à Eric pour qu'il m'*accompagne* dans cette *démarche* qui peut être *dangereuse.* Je ne pense pas que Jean Bon m'ait tout dit, et je pars en lui *recommandant* de *réfléchir* à son *geste.*	*aufschreiben* *begleiten; Vorhaben* *gefährlich* *empfehlen; überdenken; Tat*
Deux jours plus tard, je suis *au lit* avec une bonne grippe. J'*appelle* le docteur Durand.	*im Bett* *anrufen*
– Allô, docteur?	
– *Lui-même.*	*am Apparat*
– J'ai de la *fièvre* et *mal* partout, pourrais-je avoir un rendez-vous ce soir?	*Fieber; Schmerz*
– Je suis *débordé,* mais passez à 18 heures au *cabinet.*	*überlastet; Praxis*
– Merci, au revoir, docteur.	

TEST 2: Während – *pendant* oder *pendant que*?

1. __________ Lacour cherchait mes lunettes, j'ai fouillé son bureau.
2. __________ l'absence de Lacour, j'ai fouillé son bureau.
3. Le docteur regarde sa montre __________ il prend mon pouls[1] et constate:
– Ou bien vous êtes mort ou bien ma montre s'est arrêtée[2].
4. Ma femme et moi, on a été heureux __________ vingt ans. Puis nous nous sommes rencontrés.

1 den Puls fühlen 2 meine Uhr ist stehen geblieben

Je dors *jusqu'à* l'heure de mon rendez-vous et Eric vient *me chercher* en voiture.	*bis* *abholen*
– Marie, *il faut que vous lisiez* ce journal, dit-il en me *tendant* un journal spécialisé sur les *ventes aux enchères.*	*Sie müssen lesen* *reichen; Auktionen*
– Plus tard, mon vieux, *il faut* d'abord *que j'aille* chez le docteur.	*ich muss gehen*
Mon médecin a son cabinet rue Madame, dans un vieil *immeuble sans ascenseur.* Je monte jusqu'au troisième. Je pousse la porte qui n'est jamais fermée et je *m'installe* dans la *salle d'attente.* Il y a déjà trois personnes *avant* moi. J'ai bien le temps de lire l'article *consacré à* la vente de diamants. A la fin de cet article, il y a le nom du *commissaire-priseur* qui a organisé la vente. Il faudra que je lui téléphone demain *sans faute.* Le docteur ouvre la porte. *C'est mon tour.*	*Gebäude ohne Lift* *sich setzen; Wartezimmer; vor* *über* *Auktionator* *unbedingt; ich bin an der Reihe*
– Alors, Marie, *que se passe-t-il*?	*was gibt es?*
Je lui *décris* mes symptômes, il *m'ausculte* attentivement, *prend ma tension* et me déclare *en souriant* que j'ai une bonne grippe.	*beschreiben; abhorchen; Blutdruck nehmen; lächelnd*

TEST 3: Seit – *depuis* oder *depuis que*?

1. ______________ sa visite chez Lacour, Jean Bon ne dort plus.

2. ______________ il est rentré de chez Lacour, Jean Bon ne dort plus.

3. Le médecin en chef de l'hôpital militaire demande à l'infirmière[1]:
– Quoi de neuf ______________ hier soir?
– Rien... à part notre simulateur[2] de la chambre 7 qui est mort.

4. Au restaurant:
– Garçon, vous avez des cuisses de grenouille[3]?
– Je sais. ______________ ma naissance[4], je marche comme ça.

1 Krankenschwester 2 Simulant 3 Froschschenkel 4 Geburt

– Je vais vous faire une *ordonnance* et avec les médicaments et du *repos* vous serez vite *sur pied.*	*Rezept* *(Bett-)Ruhe; auf den Beinen*
Je le *remercie*, lui *règle le prix* de la *consultation* et vais à la pharmacie. Après, je rentre et *me remets au lit*. Un jour plus tard, je suis au bureau.	*danken; Rechnung begleichen; Beratung wieder ins Bett gehen*
– Vous n'êtes pas *raisonnable*, me dit Eric, vous auriez dû rester encore au lit.	*vernünftig*
Il *est* très *attentionné*, ce garçon, peut-être qu'il m'aime vraiment bien? Je n'ai pas le temps de m'occuper des *états d'âme* de mon secrétaire car je dois *contacter* le commissaire-priseur. Je téléphone à l'*hôtel des ventes.*	*aufmerksam sein* *Seelenzustand* *sprechen* *Auktionshaus*
– Bonjour, je voudrais vous poser quelques questions *au sujet de* la vente dont parle le journal d'hier, dis-je, après m'être présentée.	*über*
– Je vous écoute.	
Je lui explique ce que je cherche.	
– *Passez donc* à l'hôtel des ventes. Je vais vous montrer *les pièces en question.*	*kommen Sie doch* *die fraglichen Stücke*

TEST 4: Sagen Sie es mit dem Gegenteil

1. Lacour est *tombé.* Il n'a pas pu se ______________.
2. On a *perdu* un diamant. Il faut m'aider à le ______________.
3. La porte du cabinet est toujours *ouverte.* Elle n'est jamais ______________.
4. Jean Bon *continue* ses aveux. Marie ne l' ______________ pas.

TEST 5: Vorsicht, *Subjonctif*

1. Il faut que vous (m'*aider*) à retrouver ce diamant.
2. Il faut que quelqu'un (*prévenir*) la police.
3. Marie, il faut que vous (*lire*) cet article.
4. Il faut d'abord que je (*aller*) chez le docteur.

Plus tard, je prends un taxi et je *me rends à l'adresse indiquée* avec la photo de Ludmilla portant le fameux diamant.

Le *commissaire-priseur* est un homme charmant, aux *tempes grisonnantes* et très élégant. Il me *conduit* à la salle des expositions. Il y a de nombreuses vitrines où sont exposés de magnifiques *joyaux.*

- *A quoi reconnaît-on* un diamant d'un autre?
- Dans le cas de la collection qui vous intéresse, deux magnifiques pièces du *lot* étaient *répertoriées.* Ce sont des pierres qui appartenaient à la famille royale de Russie. Les pièces sont sorties du pays après la *chute du Mur* et ont *fait l'objet d'un trafic* sur les *marchés mondiaux* et à Paris.

Je passe devant toutes ces *merveilles,* quand tout à coup, une *parure* de diamants *attire mon attention.* Je m'approche de la vitrine et j'ai l'impression de reconnaître ce bijou.

- *Bon sang,* mais c'est bien sûr!

sich begeben zu; die angegebene Adresse
Auktionator
ergraute Schläfen
führen
Juwelen
woran unterscheidet man
Satz; katalogisieren
Wende; die gehandelt werden; Weltmärkte
Meisterwerke
Schmuck; Aufmerksamkeit erregen
Himmel Herrgott!

TEST 6: Drei verschiedene Übersetzungen von *über*

1. Eric trouve un journal __________ les ventes aux enchères.
2. Marie lit un article __________ *à* la vente de diamants.
3. Marie pose quelques questions __________ *de* la vente.

Les Français en rient

Allô docteur? Lors de ma dernière visite vous m'avez dit qu'il était normal que mon fils fasse pipi au lit. Je ne suis plus de cet avis[1]. Et sa femme non plus.

1 Meinung

Mon *accompagnateur sursaute* et me regarde d'un air *réprobateur.*	*Begleiter; zusammenzucken; vorwurfsvoll*
– Excusez-moi de *m'*être *exclamée* de la sorte; je viens de reconnaître un collier que j'ai vu *l'autre jour* au cou d'un mannequin en caoutchouc. D'où viennent ces bijoux?	*aufschreien* *neulich*
– Attendez, je vais *consulter* ma liste. Voilà, le *vendeur* est un certain Benguigui…	*nachsehen; Verkäufer*
– Yaya Benguigui?	
– Exactement, mademoiselle.	
– Cet homme *a eu* ce diamant *de façon malhonnête,* il faut prévenir la police et *retirer* ce collier *de la vente.*	*bekommen; auf krummen Wegen; aus der Verkaufsliste streichen*
Après avoir *prévenu* la police par téléphone, je rentre au bureau. *En chemin,* j'essaie de récapituler: Nous avons un trafic d'êtres humains, des voleurs de diamants et *il ne manque plus que des trafiquants de drogue.*	*verständigen* *unterwegs* *es fehlt nur noch Drogenhändler*

TEST 7: Französisch beim Arzt

Reparieren Sie den Buchstabensalat.

Ich bin krank.	Je suis *amaled.*
Ich habe hier starke Schmerzen.	J'ai de fortes *rusedulo* ici.
Ich habe mich erkältet.	J'ai pris *ridof.*
Ich habe mir den Magen verdorben.	J'ai une *gesindition.*
Mir ist schlecht.	J'ai *lam* au cœur.
Ich habe mich übergeben.	J'ai *movi.*
Zeigen Sie mir Ihre Zunge.	Montrez-moi votre *anegul.*
Atmen Sie tief.	*Riseprez* profondément.
Seit wann sind Sie krank?	Depuis quand êtes-vous *lameda*?
Bleiben Sie einige Tage im Bett.	Restez quelques jours au *til.*
Es ist nichts Ernstes.	Ce n'est rien de *varge.*

Der Maulwurf

20 *La taupe*

Quand j'arrive à l'*agence* mes deux employés m'attendent, ainsi que M. Rock, inspecteur de *police judiciaire.* Il vient m'annoncer l'arrestation d'*une douzaine* de *proxénètes* qui font partie d'un *réseau* international. Il me montre aussi des photos de toute la bande. J'y *reconnais* mes *agresseurs* de l'hôtel à Lyon et – *je n'en crois pas mes yeux* – aussi mon vieil ami Pierrot.	*Büro* / *Mordkommission* / *Dutzend; Zuhälter* / *Netz* / *erkennen; Angreifer* / *seinen Augen nicht trauen*
– Mais, monsieur l'inspecteur, il y a *erreur.* Je connais ce type-là. Pourquoi l'avez-vous arrêté?	*Irrtum*
– Ce monsieur est un *triste sire et...*	*übler Kerl*
– *Impossible!* Je le connais bien, c'est Pierre Gache, un ancien ami de lycée et un de mes *informateurs...* Je suis trop *excitée* pour continuer.	*unmöglich* / *Informant; aufgeregt*
– Nous avons *pris* ce monsieur *en filature* depuis quelques *mois.* Nous avons maintenant *suffisamment* de *preuves* que c'est lui qui a *mis sur pied* tout le *trafic* de jeunes filles que nous venons de *démanteler.*	*unter Beobachtung stellen; Monat* / *ausreichend; Beweis* / *aufbauen; Handel* / *zerschlagen*

Im BLICKPUNKT

Schwerpunkt	Beispiel
1. Französisch für die Reise	voyager en avion
2. *venir* + Infinitiv	venir faire / de faire / à faire

TEST 1: *Venir* mit Infinitv

Übersetzen Sie das Schräggedruckte.

1. L'inspecteur *vient annoncer* l'arrestation des proxénètes.
2. Marie *vient à voir* la photo de Pierre Gache.
3. La police *vient de démanteler* le réseau de Pierre Gache.

– Ecoutez, je suis sûre que *vous vous trompez sur le compte* (sich täuschen über) de Pierre Gache. Il est vrai qu'il est *d'origine* (Herkunft) russe, mais vous *ignorez* (nicht wissen) peut-être qu'il a travaillé *longtemps* (lange) dans les brigades spécialisées de *trafic d'êtres humains* (Menschenhandel).
– C'est exact. Il a infiltré les brigades. Ainsi il pouvait *avertir* (warnen) ses complices chaque fois qu'on voulait *procéder à une rafle* (Razzia durchführen). C'est pourquoi il lui était tellement facile de se servir de ses *relations* (Verbindungen) pour organiser tout un réseau. C'est lui qui *attirait* (anlocken) les jeunes filles de l'Est, en leur *faisant miroiter* (in leuchtenden Farben schildern) des situations dans le cinéma ou dans la mode. Une fois en France, elles ne pouvaient plus repartir et étaient vendues comme *esclaves* (Sklave) à des *proxénètes* (Zuhälter)...

C'est *trop* (zu viel). Mon ancien copain Pierrot en qui j'avais une *confiance* (Vertrauen) absolue une *taupe* (Maulwurf), un proxénète? Je *m'écroule* (sich fallen lassen) dans le fauteuil le plus proche. Après un long moment de *silence* (Stille), je demande à l'inspecteur:
– A propos de proxénète, avez-vous le nom d'un certain Yaya dans vos *dossiers* (Akte)?

TEST 2: Die Übersetzung von *über*[1]

1. L'inspecteur informe Marie ______ l'arrestation de Yaya.
2. Marie ne croit pas ce qu'on se raconte ___ ___ *compte* de Pierrot.
3. Elle raconte à l'inspecteur ce qu'elle sait _____ *sujet* des bijoux.
4. Eric avait trouvé un journal ______ les ventes aux enchères.
5. Dans le journal il y avait un article _______ *à* la vente de diamants.
6. – Dites-moi, docteur, pourquoi interrogez-vous vos malades si minutieusement _____ les vins qu'ils boivent?
   – Pour m'assurer[2] de leur situation de fortune[3], cher ami, et établir ma note en conséquence[4].

1 Siehe S. 94 2 sich vergewissern 3 Vermögen 4 die Rechnung entsprechend ausstellen

- Bien sûr, mais comme il *a pignon sur rue* et qu'il fait partie de *nombreuses* organisations caritatives, nous ne pouvons rien faire contre lui.
- Je crois que ce que j'ai *révélé* à vos collègues va vous aider à l'arrêter.

  Je raconte donc, aux trois hommes ma *découverte au sujet* des bijoux.

Le lendemain, l'inspecteur Rock téléphone pour nous informer de l'arrestation de Yaya et que ce dernier a *avoué* avoir *confié* le diamant à Lacour pour le faire *sertir* avec d'autres pierres afin de le *dissimuler* et de pouvoir le *revendre* sans problème. Tous les autres diamantaires étaient plus ou moins *au courant*, mais, comme ils pensaient que Yaya avait tué Lacour, ils avaient peur et se sont *tus*.

- Comment avez-vous retrouvé le diamant? me demande Eric.
- *Vous souvenez-vous* de notre visite chez Yaya?
- Bien sûr!
- *Quand* nous sommes arrivés, il savait que nous voulions voir la blonde de l'armoire. Alors, il a placé une *poupée gonflable*, habillée en princesse et *parée* d'un magnifique *collier*, dans lequel se trouvait le diamant.

gut betucht sein
zahlreich
enthüllen
Entdeckung; über
gestehen; anvertrauen; fassen
verschleiern; weiterverkaufen; auf dem Laufenden
schweigen (se taire)
sich erinnern
als
aufblasbare Puppe
schmücken; Halsband

TEST 3: Die Verben des Mitteilens

Setzen Sie die fehlenden Buchstaben ein.

1. L'inspecteur Rock _ *nn* _ *nce* l'arrestation des proxénètes.
2. Pierre Gache a *a* _ *e* _ _ *i* ses copains des rafles.
3. Marie _ *é* _ *èle* tout ce qu'elle sait à la police.
4. L'inspecteur _ *nf* _ *rm* _ Marie de l'arrestation de Yaya.
5. Marie *pr* _ *v* _ _ *nt* Katia qu'elle a retrouvé le diamant.
6. Katia a tout *a* _ *oué* à Ludmilla.

– Alors, la première fois, la femme dans l'armoire, c'était un *cadavre*?	*Leiche*
– Exactement, c'était Tania, morte d'une *overdose* dans le restaurant de Yaya. Il l'avait *cachée* dans l'armoire en attendant de la faire *enterrer* dans le *jardin*.	*Überdosis; verstecken; begraben; Garten*
– Quelle histoire macabre, me dit Eric quand Fred nous *a eu quittés*! Nous *méritons* des *vacances*, qu'en pensez-vous?	*verlassen hatte; verdienen; Ferien*
– Bonne idée. Allons donc tout de suite à *l'agence de voyage* au coin de la rue, dis-je en le prenant par la main.	*Reisebüro*
– Avant, il faut encore prévenir Katia que nous avons retrouvé le diamant, me dit Eric en vrai professionnel.	
Alors je vais au téléphone, je décroche et *fais le numéro* de Katia.	*die Nummer wählen*
– Allô, Katia, ici Marie Paulard.	
– Ah! oui, bonjour Marie.	
– Katia, j'ai retrouvé le diamant.	
– Mais c'est *merveilleux, en fait*, j'ai tout *avoué* à Ludmilla. Elle m'aime et je l'aime aussi et elle voulait m'*offrir* le diamant pour *fêter l'anniversaire* de notre *rencontre*!	*wunderbar; übrigens; gestehen; schenken; den Jahrestag feiern; Begegnung*

Les Français en rient

Un vieux couple fête ses noces d'or[1]. Le monsieur propose:

– Et si on refaisait notre voyage de noces[2]?
– Oh! Ça c'est une bonne idée, dit la dame. Tu pourrais partir en juillet, et moi en septembre.

Un Américain du Texas en vacances à Paris regarde la tour Eiffel. Il secoue la tête[3] et dit à sa femme:

– Les Français sont vraiment fous. Ça fait plus de cent ans qu'ils ont construit cette tour et ils n'ont toujours pas sorti une goutte de pétrole[4]!

1 goldene Hochzeit 2 Hochzeitsreise 3 den Kopf schütteln 4 Tropfen Öl

– Alors tout est bien qui finit bien, dis-je, un peu étonnée, et je vous *souhaite* beaucoup de *bonheur.*	*Ende gut, alles gut* *Glück wünschen*
– Vous voyez, Eric, j'aurais eu ma chance avec les deux Russes.	
Il me regarde d'un air *malheureux* et dit:	*unglücklich*
– Vous *plaisantez*, j'espère, vous savez que je vous aime *depuis longtemps.*	*scherzen* *seit langem*
Pris d'un *soudain courage,* il me prend dans ses bras et me donne un long *baiser.* Cette fois je le laisse faire avec plaisir.	*plötzlich; Mut* *Kuss*
– Et ces vacances, Marie?	
– Allons donc à notre *agence de voyages.*	*Reisebüro*
Une demi-heure plus tard à l'agence:	
– Bonjour madame, bonjour monsieur.	
Une charmante jeune femme nous *accueille en souriant.* Asseyez-vous, je vous en prie.	*empfangen; lächelnd*
– Bonjour madame, dit Eric qui semble avoir *décidé* de prendre les choses en main.	*entschlossen*
– Voilà, nous aimerions partir quelques jours au *soleil*, quitter Paris et sa vie *trépidante*, nous avons besoin de *dépaysement*, n'est-ce pas Marie?	*Sonne; hektisch* *Abwechslung*
– Exactement, je rêve de *sable* fin, de *cocotiers*, d'un ciel bleu, d'une *mer d'huile...*	*Sand; Kokospalmen* *spiegelglattes Meer*

TEST 4: Angenehme Reise

aller (2x) • partir (3x) • prendre (1x) • voyager (2x)

1. *Paul ist nach Frankreich gereist.*	Paul est ________ en France.
2. *Er ist mit dem Auto gefahren.*	Il est ________ en voiture.
3. *Er reist viel herum.*	Il ________ beaucoup.
4. *Ich reise morgen ab.*	Moi, je ________ demain.
5. *Jean fährt nach Paris.*	Paul ________ à Paris.
6. *Ich fahre in die Schweiz.*	Je ________ pour la Suisse.
7. *Fliegst du?*	Tu ________ l'avion?
8. *Ich reise lieber mit dem Zug.*	Je préfère ________ en train.

– Quand voudriez-vous partir? nous demande la jeune femme	
Nous répondons *d'une seule voix:*	*aus einem Munde*
– *Le plus tôt possible!*	*sobald als möglich*
– Eh bien, vous avez de la chance, j'ai encore un studio *disponible*, avec un *départ* ce week-end. Il	*frei; Abreise*
s'agit d'un *séjour* d'une semaine aux Antilles. A Sainte-Luce, en Martinique. Qu'en dites-vous?	*Aufenthalt*
– C'est *tout à fait ce que* nous cherchons, dit Eric.	*genau das, was ...*
– Ce sont des *vols réguliers* avec Air France et nos	*Linienflüge*
prix *comprennent* le transport Paris-Fort-de-France, Paris, les transferts aéroport–village–aéroport,	*mit einschließen*
l'hébergement pour sept nuits, toutes taxes com-	*Übernachtung*
prises avec les *lits* faits à votre arrivée, le *linge* de	*Bett; Wäsche*
toilette fourni, la télévision, le *ménage*, les *accès* aux *animations...*	*Endreinigung; Eintritt; Veranstaltungen*
– Et *c'est combien*? demandai-je, pour montrer que	*Was kostet das?*
j'*avais les pieds sur terre.*	*kein Träumer sein*

TEST 5: Kombinieren Sie Buchstaben und Satznummer

A. __ abfliegen	B. __ Anschlussflug	C. __ Aufenthalt
F. __ streichen	D. __ Direktflug	E. __ stornieren
G. __ umbuchen	H. __ Verspätung	I. __ Zwischenlandung

1. Quand *décolle* le prochain appareil pour le Canada?
2. L'appareil a un *retard* de deux heures.
3. C'est un vol *direct*?
4. L'appareil *fait escale* à Toronto.
5. Vous avez une *correspondance* à Toronto.
6. Vous y avez une *escale* de trois heures.
7. Alors, je voudrais *modifier ma réservation.*
8. Le vol Air France 2342 a été *annulé.*
9. Pourriez-vous *me rembourser* mon billet?

21 *Vive l'amour!*

Es lebe die Liebe!

La jeune femme de l'agence *consulte* son ordina-	*befragen*
teur et nous annonce un prix tout à fait *raisonnable:*	*vernünftig*
1485 euros.	
– Cela nous *convient parfaitement*, n'est-ce pas	*perfekt passen*
Marie?	
– Oui, *tout à fait*. Où *se situe* Sainte-Luce?	*ganz und gar; liegen*
– C'est donc en Martinique, à 35 kilomètres de	
Fort-de-France. Le *village de vacances* est installé	*Feriendorf*
en bordure de plage. On peut y faire de la *plongée*	*entlang des Strands*
et *louer* l'équipement sur place. Il y a aussi une	*Tauchen; mieten*
grande *base nautique* et un court de tennis	*Yachthafen*
éclairé en nocturne.	*beleuchtet; nachts*
– Tout ça me *paraît tentant*, dit Eric, et quelles sont	*verlockend erschei-*
les autres activités *proposées* pour un *couple*	*nen; anbieten*
d'amoureux comme nous?	*Liebespaar*
La jeune femme nous sourit, *attendrie.*	*gerührt*
– Vous pouvez suivre le programme de *remise en*	*Fitness; Wassergym-*
forme avec *aquagym*, stretching, etc.	*nastik*

Im BLICKPUNKT

Schwerpunkt	Beispiel
1. Französisch für die Liebe	l'amour, les fiançailles, le mariage
2. Französisch für den Flug	Attachez vos ceintures!

TEST 1: Der Fortbestand der Menschheit

Substantiv		Verb?
1. l'amour, m	*Liebe*	______________ qn
2. les fiançailles, f	*Verlobung*	se ______________ avec qn
3. le mariage	*Heirat*	se ______________ avec qn
4. la naissance	*Geburt*	______________
5. le divorce	*Scheidung*	______________ de qn

– On peut faire aussi des *excursions*?	*Ausflüge*
– Bien sûr. On vous propose de faire des visites de *plantations*, de la *pêche en haute mer*. Il y a aussi un très joli *marché* local une fois par semaine où on peut admirer l'*artisanat* local, les fleurs tropicales, *sentir* les *épices*, *déguster* du rhum.	*Plantage; Hochseefischen; Markt Kunsthandwerk riechen; Gewürz kosten*
– Et *en ce qui concerne* les restaurants?	*was ... anbelangt*
– Sur place vous avez deux restaurants *au cœur* du village qui offrent les *petits déjeuners* et les *déjeuners*. Il y a aussi les *soirées à thèmes* au cours desquelles on peut *déguster* les *poissons*, les langoustes, les grillades des *cuisiniers* martiniquais.	*im Zentrum Frühstück Mittagessen; Themenabend; genießen; Fisch Koch*
– *J'en ai déjà l'eau à la bouche*, Marie, me dit Eric en me regardant *tendrement*.	*mir läuft schon das Wasser im Munde zusammen; liebevoll*
– N'oubliez pas les promenades romantiques sur la plage *au clair de lune*, la végétation *luxuriante*, la mer bleue et la *population* très *accueillante*, nous dit l'employée toute souriante.	*im Mondschein üppig; Bevölkerung gastfreundlich*
Nous *retenons* ce séjour tout de suite. Et nous quittons l'agence la main dans la main	*reservieren*
– Allez, viens Marie, je t'*emmène* dans un petit bar sympa où on danse.	*mitnehmen*
Je le *suis*, tout heureuse et tout *amoureuse*.	*folgen; verliebt*

TEST 2: Verliebt, verlobt, verheiratet

Es fehlen nur noch die Verben.

Jean macht Jeanne an.	Jean *drague* Jeanne.
Sie verlieben sich ineinander.	Ils _______ amoureux l'un de l'autre.
Die beiden verloben sich.	Les deux se __________.
Sie heiraten.	Ils se __________.
Sie bekommen Kinder.	Ils __________ des enfants.
Sie lassen sich nicht scheiden.	Ils ne __________ pas.

A *l'entrée* de la discothèque, il y a un type qui	*Eingang*
nous *dévisage* très *minutieusement* et nous	*mustern; peinlich genau*
laisse entrer après cinq bonnes minutes. Nous	
pénétrons alors dans une immense salle *rouge*	*hineingehen; dunkelrot*
foncé et nous *nous mêlons* à tous les jeunes et	*sich mischen unter*
moins jeunes qui *dansent* la salsa. Tous les	*tanzen*
genres de musiques sont *mêlés* dans cette *boîte*	*Art; gemischt; Disko*
et bientôt nous avons la chance d'*entendre* un	*hören*
slow.	
Dans les bras d'Eric je *me laisse aller* au rythme	*sich hingeben*
d'une belle chanson d'amour. J'*oublie* un peu	*vergessen*
les proxénètes, les filles *perdues*, les *voleurs* de	*verloren; Diebe aller Art*
tout poil, alors qu'il me murmure des *mots*	*zärtliche Worte*
doux à l'oreille. Que c'est *agréable* d'être *amou-*	*angenehm; verliebt*
reuse. Comment ai-je *mis si longtemps à* com-	*so lange brauchen*
prendre qu'Eric était l'homme de ma vie.	
– Je t'aime, Eric.	
– Je t'aime, Marie, et je veux t'*épouser.*	*heiraten*
Au petit matin, nous sortons un peu *ivres*, mais	*im Morgengrauen; ange-*
totalement amoureux. Nous traversons tout	*heitert*
Paris *à pied*, nous *passons devant* la Madeleine	*zu Fuß; vorbeigehen*
avec ses belles *colonnes*, nous prenons la rue	*Säule*
Tronchet pour *rejoindre* le boulevard Hauss-	*stoßen auf*
mann.	

TEST 3: Fragen im Flughafen – Übersetzen Sie

1. ______________________	A combien de bagages a-t-on droit?
2. ______________________	Les bagages en excédent, c'est combien?
3. ______________________	Puis-je prendre ça comme bagage à main?
4. ______________________	Où peut-on acheter des marchandises exemptes de droits de douane?

Pendant toute notre *promenade,* Eric me raconte comment il voit notre appartement, et nous cherchons déjà les *prénoms* de nos *futurs* enfants. *Vers* six heures du *matin,* nous arrivons chez lui où nous nous *écroulons dans les bras l'un de l'autre.*	*Spaziergang* *Vorname; zukünftig* *gegen; Morgen* *einander in die Arme fallen*
Après quelques jours *passés* dans la *chambre à coucher* d'Eric, nous *refaisons surface* et nous partons pour l'aéroport. Nous y arrivons deux heures avant l'*embarquement.* Avec les attentats, le temps de *passage* aux *points de contrôle* s'est *sérieusement accru.*	*verbringen; Schlafzimmer; wieder ans Tageslicht gehen* *an Bord gehen* *Passieren; Sicherheitskontrolle; erheblich verlängern;*
Nous nous présentons au *comptoir d'enregistrement* avec nos *nombreux bagages.* Après une assez longue *attente,* une sympathique jeune femme *s'occupe de* nous.	*Check-in* *zahlreich; Gepäck* *Warten* *sich kümmern um*
– Bonjour, messieurs-dames. Vos billets et *cartes d'identité,* s'il vous plaît.	*Ausweis*
– Voilà, dit Eric en lui *tendant* nos papiers.	*geben / reichen*
– *Posez* vos bagages sur le *tapis roulant.* Voici votre *carte d'embarquement.*	*stellen; Fließband* *Bordkarte*
– Merci.	
– *A votre service,* bon *voyage.*	*gern geschehen; Reise*

TEST 4: Im Flugzeug – Übersetzen Sie

1. ______________________	Eteignez vos cigarettes!
2. ______________________	Attachez vos ceintures!
3. ______________________	Avez-vous un remède contre le mal de l'air?
4. ______________________	Quand atterrissons-nous?

Les Français en rient

Dans un avion qui transporte des parachutistes pour les manœuvres, on appelle le capitaine:

– Capitaine, venez vite! Il y a Dupont qui va sauter sans parachute.

– Quoi? Encore!

22 *La prise d'otages*

Die Geiselnahme

Eric me *prend par la main.*

- Allez, mon amour, un *sourire*, tu as l'air *stressée.*
- Tous ces contrôles m'*énervent*, tu sais, et puis, je n'ai pas beaucoup dormi ces dernières nuits. En plus, j'ai l'impression qu'on nous *observe.*
- Oh, chérie, *arrête un peu*, c'est une *véritable obsession*, oublie ton travail et embrasse-moi.

Je l'embrasse avec la *désagréable* impression d'être *épiée.*

Nous nous installons dans la *salle d'attente jusqu'à ce que le haut-parleur* annonce notre *embarquement.* «Pour les passagers *à destination* de Fort-de-France, embarquement *immédiat*, porte 5.» Enfin dans l'avion. Je *ne me sens pas à l'aise.* Je n'aime pas voyager en avion et je dois prendre un *remède* contre *le mal de l'air.*

- *Ça y est*, Marie, nous *décollons.* C'est notre premier voyage, *à deux*, en avion, il faut *faire un vœu.*

bei der Hand nehmen; Lächeln; gestresst; auf die Nerven gehen
beobachten
hör auf damit; echt
Zwangsvorstellung
unangenehm
heimlich beobachten
Wartesaal; bis
Lautsprecher; Anbordgehen; nach
sofortig
sich unwohl fühlen
Mittel
Luftkrankheit
es ist soweit; starten
zu zweit; sich etwas wünschen

Im BLICKPUNKT

Schwerpunkt	Beispiel
1. Glückwunsch und Dank	Mes compliments! Grand merci!
2. Demonstrativpronomen	celui, celle; ceux; celles

TEST 1: Sagen Sie es mit anderen Worten

Quelqu'un nous *observe.*	Quelqu'un nous __________.
Je ne me *sens* pas *bien.*	Je ne me *sens* pas __ _______.
Ne pense pas toujours à ton travail.	_____________ ton travail.
Tous ces contrôles m'*agacent.*	Tous ces contrôles ________.
Le gangster semble *dépassé.*	Le gangster semble _______.

Je n'imaginais pas Eric *superstitieux*, mais comme je suis *morte de peur*, je ne dis rien et je lui prends la main. *Tout à coup*, comme je *tourne* la tête pour voir Paris *d'en haut*, je *remarque* un homme assis dans *la rangée* du *milieu*.	*abergläubisch* / *tot vor Angst* / *plötzlich; drehen* / *von oben; bemerken* / *Reihe; Mitte*
– Eric…	
– Oui, mon amour?	
– Le type, là-bas, non, ne te *penche* pas, je suis sûre que c'est *un de ceux* qui m'ont *agressée* à Lyon.	*(rüber-)beugen* / *einer von denen; überfallen*
– Tu en es bien sûre?	
– *Sûre et certaine.*	*absolut sicher*
– Alors, il faut *prévenir* le chef de cabine.	*warnen*
Le type a remarqué notre *intérêt* pour lui. Il *se lève, sort* un revolver de son blouson et *hurle:*	*Interesse; aufstehen* / *ziehen; brüllen*
– *Restez* à vos places, que personne ne *bouge.* Ceci est une prise d'otages. *J'exige* que l'avion *atterrisse* à *Damas*, sinon, je nous fais tous exploser en *tirant* dans un *hublot*!	*bleiben; sich bewegen* / *fordern; landen* / *Damaskus* / *schießen; Bullauge*
Un *vent* de panique *souffle* dans *l'appareil.* Les passagers *s'affolent*, des femmes pleurent, des enfants hurlent.	*Wind; wehen; Maschine; in Panik geraten*

TEST 2: Finden Sie das Gegenteil

L'avion va *décoller*	L'avion va ________.
Détachez la ceinture de sécurité.	________ la ceinture de sécurité.
L'ambiance était *agréable.*	La situation était ________.

TEST 3: Beifall spenden – auf Deutsch, bitte

Chapeau!	________!
Bravo! Bon travail!	________!
Félicitations!	________!
Je vous félicite de votre bravoure.	________.

Les hôtesses *essaient* de *garder leur sang-froid* et font tout ce qu'elles peuvent pour tenter de	*versuchen; ruhig Blut bewahren*
calmer tout le monde. Le commandant de bord	*beruhigen*
est venu pour essayer de *raisonner* le type. C'est	*zur Vernunft bringen*
bien celui qui m'a agressée à Lyon, je *reconnais*	*wieder erkennen*
ses grandes *oreilles décollées* et son *nez* trop long.	*abstehende Ohren; Nase*
Il est très nerveux et donne *des ordres et des contrordres.*	*widersprüchliche Befehle*
Il semble *dépassé* par son *geste irréfléchi.* Devant nous, un homme semble se trouver	*überfordert; unüberlegtes Handeln*
mal. Il *étouffe.*	*nach Luft ringen*
– Vite, un docteur, y a-t-il un docteur dans l'avion? crie Eric.	
– *Ta gueule,* lui *lance* l'homme au revolver,	*Schnauze!; anfahren*
assieds-toi. J'ai dit, *tous assis.* Toi, la détective,	*alle setzen*
me dit-il, *approche*!	*komm her*
Je me lève et *m'approche* tout près de lui.	*sich nähern*
– Alors, tu n'as pas *compris* la leçon. Tu vas voir	*verstehen*
ce qu'il en *coûte* de *se mettre en travers de notre chemin.* Par ta faute, nos *meilleurs éléments,* Yaya et Pierrot, ont été arrêtés.	*kosten; sich in den Weg stellen, die besten Männer*
L'organisation m'a *chargé* de te *faire payer.*	*beauftragen; bezahlen lassen*

TEST 4: Übersetzen Sie die Komplimente

– Bravo! (*gut geantwortet!*) dit l'animateur du jeu télévisé[1] à la candidate. Avec cette bonne réponse vous avez gagné un voyage au pôle Nord. Et si vous répondez aussi brillamment à la prochaine question, vous gagnez le retour.

– Imaginez-vous, dit Mme Rock à sa voisine, mon mari est devenu impotent.
– (*Glückwunsch*), ma chère, est-ce plus important[2] qu'inspecteur?

Après le 4e round, l'entraîneur dit au boxeur:
– (*Kompliment*!) Continue comme ça et je te propose[3] pour le prix Nobel de la paix[4].

1 Fernsehquiz 2 bedeutender 3 vorschlagen 4 Friedensnobelpreis

Pendant qu'il m'*invective*, je m'approche si près de lui qu'il doit *reculer.* Il tombe *à la renverse* sur le *siège* qui est derrière lui. Il a une seconde d'*inattention* et Eric, qui est arrivé près de nous, lui *décoche* un violent *coup de poing* dans la figure. Moi, je *saisis* son *bras* et *attrape* le revolver.
L'homme s'écroule *sans connaissance*, ce qui nous permet de l'*attacher* à son siège. Dans l'avion, c'est le *soulagement général.* Les passagers applaudissent et nous *félicitent.* Nous nous sommes fait beaucoup d'amis.
Sur le *tarmac* de l'aéroport, il y a une énorme *foule* et des ambulances partout. Derrière le *périmètre de sécurité,* une armée de journalistes nous attend, caméras au *poing* et micros *dressés en l'air.* Le *préfet* de Martinique et toute une délégation de personnalités se sont *déplacés* pour nous *accueillir.*

– Mademoiselle Paulard, me dit-il (comment sait-il mon nom?), la France est *fière* de vous. Vous avez *sauvé* de nombreuses vies et le pays vous *en est reconnaissant.* Bravo aussi à vous, dit-il en *serrant la main* d'un Eric tout *étonné* mais très fier.

beleidigen
zurückweichen; rückwärts; Sitz; Unaufmerksamkeit; versetzen; Faustschlag
ergreifen; Arm; sich schnappen; ohnmächtig; festbinden
allgemeine Erleichterung; beglückwünschen
Rollfeld; Menschenmenge; Sicherheitszone
Faust; hochgestreckt
Präfekt
sich herbemühen
empfangen
stolz
retten
dafür dankbar sein
die Hand schütteln
erstaunt

TEST 5: Aus der Rede des Präfekten

Übersetzen Sie und ergänzen Sie die Dankesworte des Präfekten.

merci mille fois	____________
gratitude, f	____________
remercier	____________
être reconnaissant, e	____________

Comment pourrons-nous vous ____________ d'avoir sauvé les passagers?
La France vous en est ____________.
Par cette petite réception nous voulons exprimer notre ____________.
____________ de la part du capitaine et de tous les passagers.

– Nous avons préparé une petite *réception* à la *préfecture, si vous voulez bien nous suivre,* annonce un des hommes.	*Empfang; Präfektur wenn Sie uns folgen würden*
Arrivés dans la *cour* de la préfecture, nous sommes *accueillis* comme des *héros.* Les gens applaudissent, prennent des photos, veulent des *autographes.* Il y a des groupes de musique, des *danseuses* qui *exécutent* des danses folkloriques. La foule *est en liesse* et l'*ambiance* très *chaleureuse.* Le préfet *fait un discours* en nous félicitant *encore une fois* de notre *bravoure.* Nous buvons le punch traditionnel et devons *répéter* mille fois le *récit* de nos *exploits.*	*Hof empfangen; Held Autogramm Tänzerin; aufführen jubeln; Stimmung; herzlich; eine Rede halten nochmal; Kühnheit wiederholen Erzählung; Heldentat*
Au bout d'un certain temps, j'*attrape* Eric par la main et nous *filons* en taxi pour *nous rendre* à Sainte-Luce. Ici, on nous attend, mais seulement avec un *cocktail de bienvenue* et des *colliers de fleurs.*	*packen; entwischen sich begeben Willkommenstrunk Blumengirlanden*
Enfin dans notre chambre, nous nous installons devant la mer d'un bleu *intense* et nous nous *endormons* dans les *bras* l'un de l'autre en *rêvant* d'autres *aventures.*	*intensiv einschlafen; Arm; träumen; Abenteuer*

TEST 6: Welches Demonstrativpronomen passt?

celui • ceux • celle • celles

1. Le gangster, c'est bien ______ qui m'a suivie à Lyon.
2. C'est un de ______ qui m'ont agressée dans l'hôtel.
3. Les plages de Martinique sont plus propres que ______ de la Métropole.
4. Et sa végétation est plus luxuriante que ______ de Majorque.

Les Français en rient

Eric: Mon amour, dis-moi, suis-je vraiment le premier homme dans ta vie?
Marie: Mais bien sûr, chéri! Je me demande pourquoi les hommes posent toujours la même question.

Schlüssel zu den Übungen

CHAPITRE 1

TEST 1: Fragen an Eric – Sie antworten für ihn

1. Quel âge a-t-elle, votre chef? — Elle *a 32 ans.*
2. Est-ce qu'elle est mariée? — Non, elle est *célibataire.*
3. Elle est grande (de taille)? — Non, elle *est petite.*
4. Elle fait ce métier depuis quand? — *Depuis* 24 *heures.*

TEST 2: Geben Sie Anweisungen

1. Ouvrez *la porte.* — Ouvrez-*la.*
2. Demandez son nom *au visiteur.* — Demandez-*lui* son nom.
3. Faites entrer *le monsieur.* — Faites-*le* entrer.
4. Offrez une chaise *à Monsieur.* — Offrez-*lui* une chaise.
5. Apportez *les biscuits.* — Apportez-*les.*
6. Prenons *l'apéritif.* — Prenons-*le.*

Die Pronomen beim bejahten Imperativ

Beim bejahten Imperativ steht das *Pronomen* nach dem *Verb.* Es wird mit *Bindestrich* angschlossen. Statt *me, te* stehen die betonten Formen *moi, toi.*
Direktes Objekt: décrire le monsieur / la femme: décrivez-*le* / *-la*
Indirektes Objekt: demander *au* monsieur / *à la* dame: demandez-*lui* / *-lui.*
Nähere Erläuterung zu den Objektspronomen finden Sie im Schlüssel zu Chapitre 2, Test 6, Seite 115, 116.

TEST 3: Mit Eric per Sie und per du

Per Sie		Per du
1. *Gehen Sie!*	*Allez-vous-en.*	Va-t'en.
2. *Gehen Sie nachsehen!*	*Allez voir.*	Va voir.
3. *Sehen Sie doch nach!*	*Allez donc voir.*	Va donc voir.

TEST 4: Die rechte Form an den rechten Platz

1. Jean ouvre la porte de sa BMW *neuve.*
2. Erica, sa *nouvelle* secrétaire, monte en voiture.
3. C'est une *belle* blonde aux yeux bleus.
4. Ses mains *blanches* sont *douces* et délicates.
   (*blanches* kann mit *douces* Platz tauschen)

- ACHTUNG: *neuf, neuve:* neu = fabrikneu, neuwertig
  nouveau: neu im Sinne von neuartig, neu an Erfahrung, neu als Ersatz für Altes: *son nouveau mari.*

Exkurs:

L'accord de l'adjectif – Die Angleichung des Adjektivs

männlich	**weiblich**	**Mehrzahl**
Marc est joli.	Anne est jolie.	Marc et Anne sont jolis.
un bureau neuf	une chaise neuve	Les meubles sont neufs.
un bon client	une bonne cliente	les bonnes actions
Il est excité.	Elle est excitée.	Elles sont excitées.
un vin doux	sa main douce	mes souvenirs doux

1. **Angleichung** (*accord*):
   Adjektive passen sich in Geschlecht und Zahl ihrem Bezugswort an. Das Bezugswort ist Nomen (Hauptwort / Substantiv) oder Pronomen (Fürwort).
2. **Die weibliche Form:**
   An die männliche Form hängt man meist ein **-e** bzw. **-es** für Plural an.
3. **Achtung:**
   - Endet das männliche Adjektiv auf **-e**, erhält das weibliche Adjektiv kein zweites **-e** (z. B. *rouge, jeune*).
   - Endet das männliche Adjektiv auf **-x**, erhält es kein Plural **s**.
4. Bezieht sich ein Adjektiv auf gemischte Geschlechter, steht die männliche Pluralform. *Marie et Eric sont excités.*
5. **Unregelmäßige Adjektive**
   glücklich: *heureux, heureuse* — neu: *neuf, neuve*
   teuer: *cher, chère* — falsch: *faux, fausse*
   lang: *long, longue* — weiß: *blanc, blanche*

6. **Stellung im Satz:** Die meisten Adjektive (mehrsilbige, technische Eigenschaften wie Farben, Formen) stehen hinter dem Nomen.
7. **Die dritte Form:** Wenige Adjektive haben eine dritte männliche Form vor Nomen im Singular, die mit Vokal beginnen, z. B.
   beau, bel, belle
   le beau-père (Schwiegervater); *la belle-mère* (Schwiegermutter) aber
   mon bel ami
   un nouveau secrétaire, une nouvelle jupe
   aber *mon nouvel anorak*
   ebenso alt: *vieux, vieil, vieille. C'est un vieil ami.*

TEST 5: L'air… beschreibt das Aussehen

1. Marie Paulard a *l'*air jeune.
2. Quand M. Lacour entre, elle prend *un* air affairé.
3. M. Lacour a *l'*air étrange.
4. La détective parle à M. Lacour d'*un* air sérieux.
5. Eric a raison: Lacour n'a *l'*air de rien.

TEST 6: Sprachfallen für Deutsche

1. Je suis dans mon nouveau bureau.
2. Je suis assis derrière mon bureau.
3. Lacour porte un costume bleu.

- le tailleur: Damenkostüm
- le costume: Herrenanzug

TEST 7: Setzen Sie die Adverbien ein

1.	Je suis assise derrière mon bureau.	*hinter*
2.	Eric se lève *immédiatement.*	*sofort*
3.	Je dis *brusquement:* Allez voir!	*barsch*
4.	Je suis *si / tellement* excitée.	*so*

CHAPITRE 2

TEST 1: Mit *aller* + *Infinitiv* sagen Sie, was Sie vorhaben

1. Wir geben dir das Geld morgen. On *va* te *donner* l'argent demain.
2. Ich werde sehen, ob es möglich ist. Je *vais voir* si c'est possible.
3. Bleibt er die ganze Nacht hier? Il *va* y *passer* toute la nuit?

TEST 2: Die Frage mit *quel* – aber mit welchem?

1. *Quels* sont vos problèmes, M. Lacour?
2. *Quelles* femmes fréquente ce Yaya?
3. Yaya habite *quelle* rue?
4. *Quel* est le nom de cette femme?

Das Fragewort *quel* (Welcher...? / Was für ein...?) richtet sich wie ein Adjektiv in Geschlecht und Zahl nach dem Bezugswort.

TEST 3: Wichtige Verben. Ergänzen Sie

	je -*?*	tu -*s*	il -t / -	nous -*ons*	vous -*ez*	ils -*ent*
tenir	tien*s*	tien*s*	tien*t*	ten*ons*	ten*ez*	tienn*ent*
prendre	prend*s*	prend*s*	prend_	pren*ons*	pren*ez*	prenn*ent*

Beachten Sie das Doppel-**n** der 3. Person Mehrzahl.
Wie *tenir* geht auch das Verb *venir*: kommen.
Merke: Il *vient de partir.* Er ist *soeben* abgereist.

Verben auf auf *-ir, -re* und *-oir*

In der Gegenwart folgen die meisten Verben diesem Muster:

je -*s*	tu -*s*	il -*t*	nous -*ons*	vous -*ez*	ils -*ent*

Man merkt sich die drei Formen, bei denen sich der Stamm verändert.

	réfléch*ir*	**sort*ir***	**li*re***
je	réfléchi*s*	sor*s*	li*s*
nous	réfléchiss*ons*	sort*ons*	lis*ons*
ils	réfléchiss*ent*	sort*ent*	lis*ent*

TEST 4: Weitere wichtige Verben zu ergänzen

	je -*s*	tu -*s*	il -*t* / -	nous -*ons*	vous -*ez*	ils -ent
voir	voi*s*	voi*s*	voi*t*	voy*ons*	voy*ez*	voi*ent*
croire	croi*s*	croi*s*	croi*t*	croy*ons*	croy*ez*	croi*ent*

Beachten Sie den Wechsel von *oi* zu *oy*.

TEST 5: Übersetzen Sie

1. *prendre* des notes — Notizen machen
2. *prendre* des renseignements — Auskünfte einholen
3. *prendre* un air sévère — ein strenges Gesicht aufsetzen

Anmerkung: Rückbezügliche Verben

Wenn man nicht jemanden *wäscht*, sondern sich selbst, ist *waschen* (*laver*) rückbezüglich. Das rückbezügliche Fürwort (Reflexivpronomen) steht vor dem Verb.

Die rückbezüglichen (reflexiv) Pronomen

je – *me*	tu – *te*	il – *se*	nous – *nous*	vous – *vous*	ils – *se*

Beispiel *se servir*

Je *me sers* d'un ordinateur.
Tu *te sers* d'un ordinateur.
Il *se sert* d'un ordinateur.
Nous *nous servons* d'un ordinateur.
Vous *vous servez* d'un ordinateur.
Ils *se servent* d'un ordinateur.

TEST 6: Mme. Lacour interroge M. Lacour

1. Tu vas signer *ce contrat*? — Oui, je vais *le* signer.
2. Tu acceptes *leurs conditions*? — Oui, je *les* accepte.
3. Marie Paulard connaît *Yaya*? — Non, elle ne *le* connaît pas.
4. Tu as donné *un acompte* à la détective? — Oui, je *lui* ai donné un acompte de 1000 euros.
5. Tu vas montrer la photo *aux agents de police*? — Non, je ne vais pas *leur* montrer la photo.

Französische Verben haben ein oder zwei Objekte.

Das indirekte Objekt (eine Person) ist vom Verb durch *à* getrennt (deshalb indirekt). *parler à* Eric / *à* la police / *au* commissaire

Das direkte Objekt (Person oder Sache) schließt sich direkt an das Verb an: *signer le* contrat / *les* lettres

Die Objektsvertreter bzw. Objektspronomen vertreten diese Objekte: Für die dritte Person gibt es Pronomen für Singular und Plural:

3. Person direktes Objekt	3. Person indirektes Objekt
Singular: *le, la* / Plural: *les*	Singular: *lui* / Plural: *leur*

CHAPITRE 3

TEST 1: Den Weg beschreiben

A. 2 à droite **B.** 4 à gauche **C.** 1 / 3 tout droit

Merke:

Gehen Sie am Kino vorbei. Überqueren Sie die Straße, und Sie sind da.

Passez devant le cinéma. Traversez la rue, et vous y êtes.

TEST 2: Wichtige Verben. Ergänzen Sie

	je *-x*	tu *-x*	il *-t*	nous *-ons*	vous *-ez*	ils *-ent*
pouvoir	peu*x*	peu*x*	peu*t*	pouv*ons*	pouv*ez*	peuv*ent*
vouloir	veu*x*	veu*x*	veu*t*	voul*ons*	voul*ez*	veul*ent*

TEST 3: Erinnern Sie sich an das Passé composé?

1. Tout à coup, on *a sonné*. Eric *a regardé* autour de lui d'un air stupide. J'*ai dit*: Allez donc voir. Eric *est sorti*. Trois minutes plus tard, Eric *est revenu* avec un client.
2. Das Passé composé wird mit einem konjugierten Hilfsverb (*être* oder *avoir*) + dem Partizip des Hauptverbs gebildet.
3. Das *Passé composé* benutzt man für abgeschlossenen Handlungen und Handlungsketten vom Typ «*Kam, sah und siegte.*»
Testfrage: Was geschah (damals / dann)?

4. Eric *est* tombé... aber: il *a* regardé...
Die meisten Verben bilden das *Passé composé* mit *avoir.* Ein gutes Dutzend Verben (der Bewegungsrichtung) bilden es mit *être* (siehe unten).

Das Haus der *être*-Verben

Folgende Verben bilden das *Passé composé* mit *être*. Das Partizip wird dem Subjekt angeglichen.

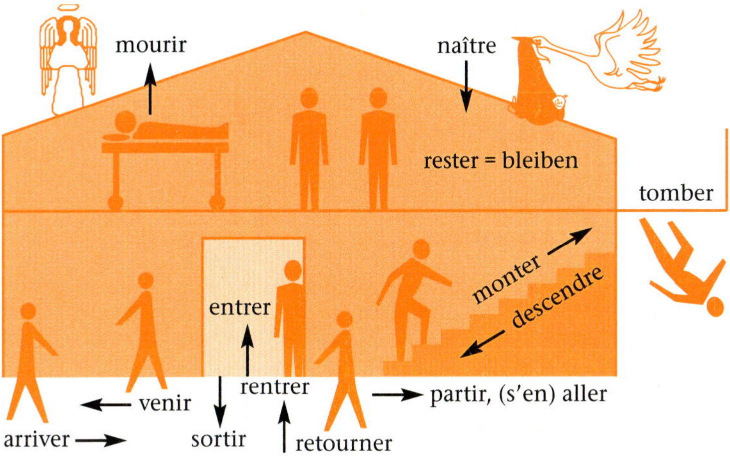

Auch ihre Zusammensetzungen bilden das *Passé composé* mit *être.*

renaître	wieder aufleben	***repartir***	wieder abreisen
retomber	zurückfallen	***convenir de***	etwas vereinbaren
devenir	werden	***parvenir à***	gelangen zu
revenir	zurückkommen	***survenir***	plötzlich erscheinen

TEST 4: «Nein» sagen

Die zwei Teile der Verneinung umrahmen das konjugierte Verb, d. h. das Verb in der «Personenform».

ne ... jamais	niemals
ne ... personne	niemand
ne ... rien	nichts

✪ ACHTUNG bei der Satzstellung: *personne* wird wie ein Substantiv behandelt:

1. Tu as réservé? — Non, je *n'*ai *pas* réservé.
2. Tu veux boire *quelque chose*? — Non, je *ne* veux *rien* boire.
3. Tu vois *ces femmes* là-bas? — Non, je *ne* vois *personne.*
4. Tu manges *souvent* du kefte? — Non, je *ne* mange *jamais* de kefte.

CHAPITRE 4

TEST 1: Wörter, die auf die Frage «wo?» antworten

1. Je me dirige *vers* les toilettes. — in Richtung auf
2. Je passe *devant* Yaya. — an ... vorbei
3. La cuisine est *à côté des* toilettes. — neben
4. *Sur la gauche*, il y a une porte. — auf der linken Seite
5. Je suis *en face* d'un escalier. — gegenüber / vor
6. J'arrive *dans* une pièce. — in

TEST 2: Setzen Sie die Sätze in den Plural

1. Je *me lève.* — Nous *nous levons.*
2. Tu *te diriges* vers la porte. — Vous *vous dirigez* vers la porte.
3. Elle *s'arrête* devant l'escalier. — Elles *s'arrêtent* devant l'escalier.

Rückbezügliche Verben

Wenn man nicht jemanden *wäscht*, sondern sich selbst, ist *waschen* (*laver*) rückbezüglich. Das rückbezügliche Fürwort (Reflexivpronomen) steht vor dem Verb.

TEST 3: Setzen Sie die Sätze ins Passé composé

1. Une lampe *s'allume.* — Une lampe *s'est allumée.*
2. Nous *nous levons.* — Nous *nous sommes levés.*
3. Elle *se lave* les mains. — Elle *s'est lavé* les mains.

Die Veränderung des Partizips

- Reflexive Verben bilden das *Passé composé* mit *être.*
- Partizipien werden nach dem vorausgehenden ***direkten*** Objekt verändert (siehe auch Anmerkung zu Test 5).
- Wenn Reflexivpronomen (*me, te, nous* etc.) ein direktes Objekt vertreten, wird das Partizip nach ihnen verändert. Kompliziert, nicht wahr?

Imperativ reflexiver Verben

	Bejahter Befehl	Verneinter Befehl
1. Geh spazieren!	Promène-*toi.*	Ne *te* promène pas.
2. Wasch dich!	Lave-*toi.*	Ne *te* lave pas.
3. Stehen Sie auf!	Levez-*vous.*	Ne *vous* levez pas.
4. Haltet an!	Arrêtez-*vous.*	Ne *vous* arrêtez pas.

Bejahter Befehl: Die Reflexivpronomen *me, te* werden zu *moi, toi* und mit Bindestrich angeschlossen.
Verneinter Befehl: *ne* und *pas* umschließen Pronomen und Verb.

TEST 4: Wie bildet man das *Imparfait*?

Nimm die 1. Person Plural:	pren*ons*	av*ons*	dis*ons*
Streiche die Endung:	pren-	av-	dis-
Füge die Endungen an:	je pren*ais*	il av*ait* ______	vous dis*iez*

Das Passé *composé steht* für abgeschlossene Handlungen, das *Imparfait* für frühere Zustände und Begleitumstände.
Testfrage: Was war schon / noch?
– Vous *avez réservé* une table? demande le garçon.
– Non, je *pensais* qu'il y *avait* de la place, répond Marie.

TEST 5: Wohin gehören die Relativpronomen?

1. La femme *à qui* Yaya parle est très belle.
2. C'est la Russe *dont* (*von der)* mon client a parlé.
   C'est la Russe *à qui* (*mit der*) mon client a parlé.
3. Je vois le revolver *que* Yaya tient à la main.
4. Je lui envoie un coup de pied *qui* le désarme.

Relativpronomen auf einen Blick

Subjekt, Wer oder Was?	La femme *qui* est à côté de Yaya...
direktes Objekt	La femme *que* Yaya cherche.
indirektes Objekt	La femme *à qui* Yaya parle.
Verb + *de* Ergänzung	La femme *dont* mon client a parlé.
Verb + Präposition	La femme *avec qui* il quitte le café.

Direktes Objekt:	chercher quelqu'un	jemanden suchen
Indirektes Objekt:	parler **à** quelqu'un	mit jemandem sprechen
Verb + **de** Ergänzung:	parler **de** quelqu'un	von jemandem sprechen

CHAPITRE 5

TEST 1: Bilden Sie Adverbien der Art und Weise

Adjektiv	Adverb + ment	Adverbien sind nicht veränderlich. Sie bestimmen das Verb, sagen, wie etwas geschieht.
heureux,**se**	heureu**se***ment*	
complet,**ète**	compl**ète***ment*	
tranquille	tranqui**lle***ment*	

TEST 2: Noch mehr Adverbien

Un brave homme est assis *tranquillement* chez le coiffeur. Celui-ci rase si *mal* que le client est coupé trois fois. Alors le client perd patience et demande *ironiquement* au coiffeur:

– Donnez-moi *immédiatement* un rasoir. Je veux me défendre.

Außenseiter auf -emment und -ammant und Vokal

Adjektiv	**Adverb**	Man nehme das männliche Adjektiv und ersetze *-ent /-ant* durch ***-emment / -amment*** Endet das Adjektiv auf Vokal, hängt man ***-ment*** an die männliche Form.
bruy**a**nt	bruy**a***mment*	
innoc**e**nt	innoc**e***mment*	
absol**u**	absol**u**ment	
vr**ai**	vr**ai**ment	

TEST 3: Fragen an den Kandidaten

1. Quel âge avez-vous?
2. Qui était votre dernier employeur?
3. Pourquoi avez-vous démissionné?
4. Qu'est-ce que vous trouvez d'intéressant à ce poste?

TEST 4: Wortpaare: Wie heißt der Partner?

1. Vous désirez un *aller* ou un *aller* et *retour*?
2. Vous voyagez en *première* ou *en seconde*?
3. *Fumeur* ou *non-fumeur*?
4. Une place *côté fenêtre* ou *couloir*?
5. Cette place est *occupée* ou *libre*?
6. Le train arrive-t-il *à l'heure* ou a-t-il du *retard*?
7. Marie *monte* dans le train à Paris et elle *descend* à Lyon.

TEST 5: Mit dem treffenden Wort zum richtigen Zug

Einen direkten Zug nach X, bitte.	Un train *direct* pour X, s.v.p.
Wann geht der Zug nach X?	Quand *part* le train pour X?
Wann kommt er in X an?	Quand *arrive*-t-il à X?
Von welchem Bahnsteig fährt der Zug nach X?	De quel *quai* part le train pour X?
Muss ich umsteigen?	Faut-il *changer* de train?
Gibt es einen Anschluss nach X?	Il y a une *correspondance* pour X?
Kann ich die Fahrt unterbrechen?	Je peux *interrompre* le voyage?
Hält dieser Zug in X?	Ce train *s'arrête*-t-il à X?
Fährt dieser Zug über Y?	Ce train *passe*-t-il par Y?
Hat er Verspätung? Wie viel?	Il a du *retard*? Combien?

TEST 6: Für diese Reise fehlen noch Buchstaben

Eine Fahrkarte nach X, bitte.	Un *billet* pour X, s'il vous plaît.
Sie brauchen einen Zuschlag.	Il vous faut un *supplément.*
Wie viel macht das?	Ça *coûte* combien?
Wo sind wir jetzt?	*Où* sommes-nous *maintenant*?
Wie lange haben wir hier Aufenthalt?	*Combien* de temps le train *s'arrête*-t-il ici?
Werde ich den Anschluss nach X erreichen?	J'aurai ma *correspondance* pour X?

CHAPITRE 6

TEST 1: Korrigieren Sie das Buchstabenchaos

1. *Ein Doppelzimmer, bitte.* Une chambre *double*, s.v.p.
2. *Mit Bad oder Dusche?* Avec bain ou *douche*?
3. *Für wie viele Nächte?* Pour combien de *nuits*?
4. *Ist das Frühstück mit im Preis?* Le petit déjeuner est *compris*?
5. *Füllen Sie die Anmeldung aus.* Remplissez la *fiche*, s.v.p.

TEST 2: Ergänzen Sie die Reklamationen

1. *Es fehlen Handtücher.* Il *manque* des serviettes.
2. *Es gibt kein warmes Wasser.* Il n'y a pas d'eau *chaude.*
3. *Die Heizung funktioniert nicht.* Le chauffage ne *fonctionne* pas.
4. *Die Klospülung ist kaputt.* La *chasse* d'eau ne marche pas.
5. *Der Hahn tropft.* Le robinet *goutte.*
6. *Das Klo ist verstopft.* Le WC est *bouché.*

TEST 3: Sagen Sie es mit Gerund

1. Le contrôleur me rend mon billet *en me disant*: Bon voyage.
2. Tout le monde peut se tromper, dit le hérisson *en descendant* de la brosse à cheveux.
3. L'armée suisse n'a plus de régiment de parachutistes: Les soldats n'arrivent pas à ouvrir leurs parachutes *en sautant* du train.

TEST 4: Kleider kaufen – Versuchen Sie's

1. *Wie viel kostet das Hemd?* *Elle coûte combien* cette chemise?
2. *Könnte ich es anprobieren?* Je pourrais *l'essayer*?
3. *Das passt mir nicht.* Ça ne me va pas.
4. *Kann es geändert werden?* On peut *faire* des retouches?

TEST 5: Finden Sie das passende Gegenteil

	zu klein	zu groß
1. Hut	Le chapeau es trop *petit.*	Il est trop *grand.*
2. Stiefel	Les bottes sont trop *étroites.*	Elles sont trop *larges.*
3. Rock	La jupe est trop *courte.*	Elle est trop *longue.*

CHAPITRE 7

TEST 1: Setzen Sie ins Passé composé

1. Je *m*'arrête. — Je *me suis arrêté(e).*
2. Ils *se font* la bise. — Ils *se sont fait* la bise.
3. Ils *se regardent.* — Ils *se sont regardés.*
4. Nous *nous congratulons.* — Nous *nous sommes congratulés.*

Die Veränderung des Partizips

1. Die reflexiven Verben bilden das *Passé composé* mit ***être.***
2. Das Partizip wird nach dem vorangehenden *direkten Objekt, dem Reflexivpronomen* (***me, se, nous***), verändert.
3. *se faire la bise*: Das Reflexivpronomen ist indirektes Objekt: *faire la bise* ***à qn***. Das Partizip wird also nicht verändert.

TEST 2: Kombinieren Sie Gänge und Gerichte

1. hors-d'œuvre — C. melon au jambon
2. entrée — D. crevettes
3. plat principal — B. bœuf bourguignon
4. dessert — A. tarte au citron

TEST 3: Ergänzen Sie das Gespräch mit dem Ober

Ein Tisch für 4 Personen, bitte. — Une table *pour* 4 personnes, s.v.p.
Die Weinkarte bitte. — La carte *des* vins, s'il vous plaît.
Haben Sie schon gewählt? — Vous avez fait votre *choix*?
Für mich ein Pfeffersteak. — Je prendrai un steak *au* poivre.
Englisch oder durchgebraten? — Saignant ou *à point*?
Und zu trinken? — Et *comme* boisson?
Was nehmen Sie als Nachtisch? — Que désirez-vous *comme* dessert?

TEST 4: Zusammengesetzte Hauptwörter

1. Fruchtsaft — du jus *de* fruits
2. russische Eier — des œufs *à la* russe
3. Hähnchenbrust — du blanc *de* poulet
4. ein Zitronenkuchen — une tarte *au* citron

5. ein Kalbskotelett — une côte *de* veau
6. ein Himbeereis — une glace *aux* framboises
7. Rosinenbrot — un pain *aux* raisins
8. die Weinkarte — la carte *des* vins

TEST 5 : Faites votre choix – Wählen Sie

1. Le patron fait la cuisine. — **B.** er *kocht*
2. Yaya *fait chanter* le diamantaire. — **C.** er *erpresst* ihn
3. Il fait jour. — **A.** es ist Tag
(*il fait nuit / clair:* es ist Nacht / hell)

Merke:

faire faire qc	etwas veranlassen
faire cuire un œuf	ein Ei kochen
se faire couper les cheveux	sich die Haare schneiden lassen
se faire faire un costume	sich einen Anzug machen lassen
Il nous *a fait rire*	Er hat uns zum Lachen gebracht.

CHAPITRE 8

TEST 1 : Ergänzen Sie die Formen des einfachen Futurs

Endung	(je) *-ai*	(tu) *-as*	(il) -a	(nous) *-ons*	(vous) *-ez*	(ils) *-ont*
être	ser*ai*	ser*as*	ser*a*	ser*ons*	ser*ez*	ser*ont*
avoir	aur*ai*	aur*as*	aur*a*	aur*ons*	aur*ez*	aur*ont*
porter	porter*ai*	porter*as*	porter*a*	porter*ons*	porter*ez*	porter*ont*
finir	finir*ai*	finir*as*	finir*a*	finir*ons*	finir*ez*	finir*ont*
prendre	prendr*ai*	prendr*as*	prendr*a*	prendr*ons*	prendr*ez*	prendr*ont*

Bildung des einfachen Futurs (futur simple)

Man hänge an den Futurstamm: ***-rai, -ras, -ra, -rons, -rez, -ront***

Futurstamm der Verben auf *-er*:	1. Person Einzahl der Gegenwart.	
	j'achète	j'achète*rai*
Futurstamm der Verben auf *-ir*:	Grundform ohne *r*	tu dormi*ras*
Futurstamm der Verben auf *-re*:	Grundform ohne *e*	il prend*ra*

TEST 2: Welches Futur passt am besten?

1. Je *vais* tout de suite *téléphoner* à la police.
2. Un jour vous *comprendrez* ma réaction.
3. Marie *finira* mal un jour.
4. Attention, vous *allez tomber.*
5. Je *resterai* toujours à Paris.

Futur simple steht oft mit Ausdrücken der zeitlichen Ferne wie eines Tages: *un jour,* niemals: *jamais,* immer: *toujours.*

Futur composé steht oft mit Ausdrücken der zeitlichen Nähe wie jetzt: *maintenant*; sofort: *tout de suite*; jetzt, nun: *alors.*

TEST 3: Wortbildung

1. Notre client n'est pas *content.* — Notre client est *mécontent.*
2. Ce n'est pas *croyable.* — C'est *incroyable.*
3. Il n'est pas *heureux.* — Il est *malheureux.*
4. Ce n'est pas *possible.* — C'est *impossible.*
5. Marie *raccroche* le téléphone. — Elle *décroche* le téléphone.
6. Le gangster a *attaché* Marie. — Le voisin a *détaché* Marie.
7. Elle n'est pas *capable* de bouger. — Elle est *incapable* de bouger.
8. La voiture n'est plus *réparable.* — La voiture est *irréparable.*

TEST 4: Antworten Sie mit Nein

1. Les gangsters ont trouvé *quelque chose*? — Ils *n'*ont *rien* trouvé.
2. Est-ce que Fred a *toujours* de l'argent? — Fred *n'*a *jamais* d'argent.
3. La police a arrêté quelqu'un? — La police *n'*a arrêté *personne.*

TEST 5: Sagen Sie es mit einem Gerund

1. Ils fouillent mes valises *en envoyant* mes affaires dans la pièce.
2. *En continuant* ton enquête tu finiras mal!
3. *En voyant* la porte ouverte, mon voisin entre.
4. L'agent de police s'en va *en claquant* la porte.

Das Gerund

Das Gerund ist ein Satzverkürzungsmittel der gesprochenen Sprache. Es verkürzt den Satz, der durch ein Bindewort (Konjunktion) eingeleitet wird.
Beide Sätze müssen dasselbe Subjekt haben. Das Bindewort fällt weg.

da	*Comme il voit la porte ouverte...*	*En voyant la porte ouverte...*
als	*Quand* il arrive à la gare...	*En arrivant* à la gare...
während	*Pendant* qu'il attend le train...	*En attendant* le train...
wenn	*Si* tu continues ton enquête...	*En continuant* ton enquête...
wobei	Il sort *et* claque la porte.	*En claquant* la porte...

CHAPITRE 9

TEST 1: Was man bei einer Bewerbung bespricht

1.	Le dossier de canditature	*die Bewerbungsunterlagen*
2.	le C.V. (curriculum vitae)	*der Lebenslauf*
3.	une lettre de recommandation	*ein Empfehlungsschreiben*
4.	le certificat de travail	*das Arbeitszeugnis*
5.	un salaire fixe	*ein festes Gehalt*
6.	des heures de travail réglées	*feste Arbeitszeiten*
7.	la rémunération des heures supplémentaires	*die Bezahlung der Überstunden*

TEST 2: Verneinung für Maulfaule

1.	Tu m'embrasses encore une fois?	*Pas* question.
2.	On va gagner?	*Pas* sûr.
3.	Qu'est-ce qui se passe?	Toujours *rien.*
4.	Tu vois quelqu'un?	Non, *personne.*
5.	Tu as déjà fumé du hachisch?	*Jamais* de la vie.

TEST 3: *En* ersetzt Ausdrücke mit *de*

En steht vor dem (konjugierten) Verb in der Personenform.

1.	Marie est rentrée *de Lyon.*	Elle *en* est rentrée.

2. Marie a parlé à la police *d'un cambriolage.* — Elle *en* a parlé à la police.
3. Deux policiers descendent *de la voiture.* — Ils *en* descendent.
4. Qu'est-ce qu'ils pensent *de cette affaire*? — Qu'est-ce qu'ils *en* pensent?
5. Lacour n'est pas sorti *de l'immeuble.* — Il n'*en* est pas sorti.

TEST 4: Ergänzen Sie das Verbschema

Vor dunklem Vokal wird *c* zu *ç*.

	devoir	recevoir	décevoir
je	dois	reçois	déçois
nous	devons	recevons	décevons
ils	doivent	reçoivent	déçoivent
Partizip	d*û*, due	reçu, reçue	déçu; déçue

TEST 5: Nehmen Sie Partizipien statt Relativsätze

1. Il y a des plaques *indiquant* des cabinets de médecins.
2. Nous trouvons une plaque *portant* le nom de notre client.
3. Nous retrouvons le soleil *éclairant* toute la rue.
4. L'agent parle à son collègue *restant* dans la voiture.

Das Partizip muss dem Wort, auf das es sich bezieht (*plaque, soleil, collègue*), möglichst unmittelbar folgen.

CHAPITRE 10

TEST 1: Bilden Sie das Konditional

Statt der Futurendungen (S. 124), hängen Sie die des Imperfekts an.

	je	tu	il	nous	vous	ils
porter	porter***ais***	porter***ais***	porter***ait***	porter***ions***	porter***iez***	porter***aient***
faire	fer***ais***	fer***ais***	fer***ait***	fer***ions***	fer***iez***	fer***aient***
prend	prendr***ais***	prendr***ais***	prendr***ait***	prendr***ions***	prendr***iez***	prendr***aient***

TEST 2: Die Zeiten im erfüllbaren Bedingungssatz:

1. Im Nebensatz mit *si* steht kein Futur, sondern Präsens.
2. Im Hauptsatz kann Präsens, Futur oder Imperativ stehen.

1. Si Lacour *est* mort, nous n'*avons* plus de client.
2. Si nous *n'avons* plus de client, on *peut* laisser tomber l'enquête.
3. Et si on ne *continue* pas, Yaya nous *laissera* peut-être tranquille.
4. Mais on *aura* des problèmes si la police *trouve* le contrat.

TEST 3: Das Relativpronomen – *qui* oder *que*?

1. Hat der Relativsatz kein Subjekt, steht *qui.*
2. Hat der Relativsatz ein Subjekt, steht *que.*

1. Où est le contrat *que* nous avons signé?
2. Le jeune homme *qui* est sorti sur la terrasse nous raconte l'histoire.
3. Qu'est-ce qu'on fait de l'argent *que* Lacour a payé?

TEST 4: Wählen Sie. Was bedeutet das Konditional I?

1. On *dirait* qu'il y a un problème.	C. Vermutung
2. J'*aimerais* savoir où se trouve Yaya.	B. Wunsch
3. A ta place je *laisserais* tomber l'enquête.	A. Ratschlag
4. Sans doute Laverdure *pourrait*-il nous aider.	D. Möglichkeit

TEST 5: Nicht erfüllte Bedingungen

1. Im Nebensatz mit *si* steht Imperfekt (*Imparfait*).
2. Im Hauptsatz steht Konditional I.

1. Si tu *étais* dans la police, tu *pourrais* continuer notre enquête.
2. Si j'étais dans la police, on n'*aurait* rien à craindre.
3. Même si je *voulais* laisser tomber l'enquête, je ne *pourrais* pas.
4. Je *serais* plus tranquille s'il n'y *avait* pas ce reçu.

Verbformen im Nebensatz mit *si*

Konditional I	Konditional II
je *pourrais* prévenir la police	j'*aurais pu* prévenir la police
il *viendrait* s'il *faisait beau*	il *serait venu s'il avait fait beau*

TEST 6: Unerfüllbare Bedingungen

Für Situationen der Vergangenheit steht im Nebensatz mit *si* meist Plusquamperperfekt, im Hauptsatz Konditional I oder Konditional II.

1. Si je n'*avais* pas *gagné* au tiercé, je n'*aurais* pas pu employer Eric.
2. Si Lacour m'*avait dit* la vérité, je ne *serais* pas *allée* chez Yaya.
3. Lacour *serait* encore en vie si j'*avais prévenu* la police.
4. S'il n'y *avait* pas *eu* cette grève, j'*aurais reçu* l'argent plus tôt.

CHAPITRE 11

TEST 1: Relativsätze – *ce qui* oder *ce que*?

Fehlt dem Relativpronomen (*qui, que*) ein Bezugswort im Hauptsatz, wird dieses durch *ce* ersetzt.

1. Je regarde *ce qui* reste au *frigo.*
2. Le client raconte tout *ce que* la police sait de l'affaire.
3. On se demande qui est-*ce qui* a téléphoné à la police?
4. Fred raconte *ce que* Yaya a fait depuis qu'il l'a suivi.

TEST 2: Ergänzen Sie die deutschen Sonderwünsche

Die Begleiter von Mengen

1. Vor bestimmten Mengen steht ***de***: un kilo *de* beurre
   Das gilt auch für Nullmengen. Il *ne* reste *plus de* café.
2. Vor unbestimmten Mengen zählbarer Dinge steht ***des***: *des* œufs
3. Vor unbestimmten Mengen nicht zählbarer Dinge steht ***du / de la***:
   Il reste encore *du* beurre et *de la* crème?

Un touriste allemand entre dans un café à Paris:

– Faites-moi un sandwich avec *du* pain noir, un peu *de* beurre salé, trois tranches *de* jambon de Parme, *de la* moutarde de Dijon et *des* cornichons.

– Parfait, dit le garçon. Pouvez-vous repasser demain pour le premier essayage?

TEST 5: Die Begleiter von Tischgesprächen

Die Begleiter bei Verallgemeinerung

Denkt man nicht an Mengen, sondern an die Gattung, die Stoffart ganz allgemein, steht der bestimmte Artikel. Dies ist vor allem bei den Verben des Liebens und Hassens der Fall.
aimer: mögen, *préférer*: vorziehen, *détester*: hassen

Tu veux encore *du* vin?	Non merci, je n'aime pas *le* vin. Je préfère *l*'eau minérale.
Il y a encore *du* fromage?	Désolé, il n'y a plus *de* fromage.
Mais il y a encore *de la* glace et *des* biscuits.	Je préfère *la* glace *aux* biscuits.
Prends donc *des* fraises.	Merci, *les* fraises sont bonnes pour la santé.

TEST 6: Warum steht das *Imparfait*?

A. Gewohnheiten **B.** Zustandsbeschreibungen

1. Il *venait* dans notre bistrot de temps en temps. **A.**
2. C'*était* un homme tranquille. **B.**
3. Ses vêtements n'*étaient* pas d'une bonne qualité. **B.**
4. Il *buvait* un café. **A.**
5. Il *n'avait* pas l'air riche. **B.**

Das Imparfait steht ferner für Handlungen, die zu einem Zeitpunkt der Vergangenheit nicht abgeschlossen sind, d. h. schon und / oder noch im Verlauf sind.

CHAPITRE 12

TEST 1: Suchen Sie Ausdrücke mit Körperteilen

1. *ein Vermögen kosten* — *coûter* les yeux de la tête
2. *die Achseln zucken* — *hausser* les épaules
3. *angestrengt lauschen* — *tendre* l'oreille

TEST 2: Ersetzen Sie das Kursivgedruckte

1. Les vendeuses sont *tout à fait* honnêtes.
2. Mes copines *en fait* s'appelaient Jeanne et Anne.
3. *Au fait*, Fred m'a donné un message pour toi.

TEST 3: *Imparfait* oder *Passé composé*?

Das *Imparfait* beschreibt den Hintergrund:

die Begleitumstände (Was war schon?),
die Beweggründe (Warum?), Erläuterungen.

Das *Passé composé* beschreibt die Handlungskette
(Was geschah dann?) und das Wichtige im Vordergrund.

1. Fred *s'est excusé* auprès de Marie. Il ne *voulait* pas la choquer.
2. Pendant que Marie *était* à la boutique, Eric *a surfé* sur Internet.
3. Eric *a croisé* deux Katinka qui en fait *s'appelaient* Josette et Anne.
4. Lacour *voulait* que Marie enquête mais que ça reste discret.
5. Lacour *était* un homme mystérieux. Qu'est-ce qui l'*a poussé* à s'adresser à l'agence de Marie?

TEST 4: Die Bedeutung von *il faut* – Sie haben die Wahl

1. Il faut une heure pour aller chez Katinka.
  B. Man braucht eine Stunde.
2. Il ne faut pas mentir.
  A. Man soll nicht lügen.
3. Il ne faut rien lui raconter.
  B. Man darf / Sie dürfen ihm nichts sagen.

- ***Il faut faire:*** man muss / braucht ... ist ein unpersönlicher Ausdruck.
- ***il me / te / lui... faut faire***: den Personenbezug stellen die indirekten Objektspronomen her.
  il fallait me le dire: du hättest / Sie hätten es mir sagen müssen
  il lui a fallu attendre: er musste warten

TEST 5: Übersetzen Sie

Das ist der Beweis, den er braucht.	Voilà la preuve qu'il *lui faut.*
Ich brauche das Geld für morgen.	*Il me faut* l'argent pour demain.
Man muss es sehen, um es zu glauben.	*Il faut le* voir pour le croire.
Wir mussten nicht warten.	Il ne *nous a* pas *fallu* attendre.

KAPITEL 13

TEST 1: Um was für einen *coup* handelt es sich?

1.	C'était un *coup de téléphone* étrange.	*Anruf*
2.	Ce plan est un *coup de génie.*	*genialer Einfall*
3.	Bravo! C'était un *coup de maître.*	*Meisterleistung*
4.	2000 euros! C'est un *coup de chance.*	*Glücksfall*
5.	Il m'a donné un *coup de pied.*	*Fußtritt*

TEST 2: *qui* oder *que*?

Satzteile werden durch *c'est... qui* und *c'est... que* hervorgehoben.

Jean (!) habite chez Anne.	*C'est* Jean *qui* habite chez Anne.
Jean habite chez Anne (!).	*C'est* chez Anne *que* Jean habite.

Qui steht, wenn kein Subjekt folgt.
Que steht, wenn ein Subjekt (Jean) folgt.
Siehe auch Seite 120, 129, Relativsätze.

1. *C'est* un coup de téléphone *qui* a signalé le crime à la police.
2. *C´est* alors *que* la concierge a parlé à la police.
3. *Ce* n'*est* pas Yaya *qui* a tué le diamantaire.
4. *C'est chez* Katinka *que* le défilé va avoir lieu (*stattfinden*).

Heben Sie die unterstrichenen Satzteile hervor.

6. *C'est à la police que l*a concierge a parlé.
7. *C'est depuis deux jours qu'*elle n'avait pas vu Lacour.
8. *C'est Katia qui* salue les invités qui arrivent pour voir le défilé.

TEST 3: Setzen Sie in die indirekte Rede

Direkte Rede	Indirekte Rede
Anne: Je vais quitter Paris.	Anne *dit qu'*elle *va* quitter Paris. Anne *a dit qu'*elle ***allait*** quitter Paris.
Anne: Tu viens avec moi?	Elle *demande si je viens* avec *elle.* Elle *a demandé si* je ***venais*** avec elle.

➢ **Indirekte Aussagen:** ***que*** leitet den indirekten Redeteil ein.
➢ **Indirekte Fragen:** statt ***que*** steht ein Fragewort oder ***si***.

Wird die indirekte Rede durch eine Zeit der Vergangenheit eingeleitet, steht auch im Folgesatz eine Zeit der Vergangenheit. Das konjugierte Verb endet auf eine der Imperfektendungen: -ais, -ais, -ait, -ions, -iez, -aient.

1. Vous voulez acheter des dessous?
   La vendeuse demande à Marie *si elle veut* acheter des dessous.
2. Est-ce que des diamants ont été *volés*?
   On ne sait pas *si* des diamants ont été volés.
3. Ce n'est pas Yaya qui l'a tué.
   Marie croit *que* ce n'est pas Yaya qui l'a tué.
4. Je connais deux Katinka.
   Eric dit à Marie *qu'il connaît* deux Katinka.
5. Tu peux rentrer chez toi.
   Marie dit à Fred *qu'il peut* rentrer chez *lui.*

TEST 4: Setzen Sie ein: *tous, tout, toute* oder *toutes*

1. Les invités sont *tous* très élégants.
2. *Tout* ce petit monde se connaît.
3. *Toutes* les nationalités sont représentées.
4. Ils papotent dans *toutes* les langues.
5. Marie est *toute* nerveuse.

In den Sätzen 2, 5 bedeutet die Form von tout *ganz.*

TEST 5: Bauen Sie die Sätze um

1. Devant la boutique il y a déjà *beaucoup de* monde.
   Nach Mengenadverbien steht *de.*
2. Elle me sourit *en me demandant* mon invitation.
3. Je *la lui* tends.
4. Eric a dit à Marie *qu'il connaissait* deux Katinka.

CHAPITRE 14

TEST 1: Die Formen von *quel*

Quel richtet sich wie ein Adjektiv nach seinem Bezugswort.

1. *Was* sind Ihre Pläne? — *Quels* sont vos projets?
2. *Wie viel* Uhr ist es? — *Quelle* heure est-il?
3. *Wie* ist das Wetter? — *Quel* temps fait-il?
4. *Was* für ein Unglück! — *Quel* malheur!

TEST 2: Setzen Sie ins *Passé composé*

1. Katia *s'en va* en parlant. — Katia *s'en est allée* en parlant.
2. Tu *t'en vas*? — Tu *t'en es allé(e)*?
3. Nous *nous en allons.* — Nous *nous en sommes allés.*
4. Les rangs *se remplissent.* — Les rangs *se sont remplis.*

Das Partizip der reflexiven Verben wird zwar mit *être* verbunden, doch gelten für dessen Angleichung dieselben Regeln wie beim Partizip mit *avoir.* Es bleibt unverändert, wenn das Reflexivpronomen indirektes Objekt ist.

écrire *à qn*: Ils *se* sont écrit (des lettres).
voir *qn*: Elles se sont *ves.*

TEST 3: *Mieux* oder *meilleur*?

Adjektiv:	**bon, meilleur, le meilleur**	(veränderlich)
Adverb:	**bien, mieux, le mieux**	(nicht veränderlich)

1. Der *beste* Platz ist besetzt. — La *meilleure* place est occupée.
2. Dieser Wodka ist *besser.* — Cette vodka est *meilleure.*
3. Mögen die *Besten* gewinnen! — Que les *meilleurs* gagnent!
4. Morgen geht es dir *besser.* — Ça ira *mieux* demain.
5. Ich fühle mich schon *besser.* — Je me sens déjà *mieux.*

TEST 4: Ersetzen Sie die unterstrichenen Ausdrücke

1. Vous aimez la vodka? — Je n'*en* ai jamais bu.
2. Vous prenez encore du vin? — Oui, j'*en* prends encore un verre.
3. J'ai une bouteille de vodka qui est bien meilleure. — J'*en* ai une bouteille qui est bien meilleure.
4. Prenez le temps de bien goûter cette vodka. — Prenez le temps de bien *la* goûter.

TEST 5: Übersetzen Sie

1. Folgen Sie mir, bitte. — Suivez-moi, s'il vous plaît.
2. Setzen Sie sich dorthin. — Mettez-vous là.
3. Mögen Sie keinen Wodka? — Vous n'aimez pas la vodka?
4. Noch etwas Champagner? — Encore un peu de champagne?
5. Also stoßen wir an. — Alors, trinquons!

CHAPITRE 15

TEST 1: Wohin mit den Verben des Autofahrens?

appuyer • démarrer • passer • prendre

1. sich ans Steuer setzen — *prendre* le volant
2. das Auto starten — faire *démarrer* la voiture
3. in den 1. / 2. Gang schalten — *passer* en première / deuxième
4. Gas geben — *appuyer* sur l'accélérateur

TEST 2: Intelligentes Raten für Autofahrer

1. Wer von ihnen ist Berufsfahrer? — **B.** chauffeur
2. Um welche Papiere des Autofahrers handelt es sich?
   A. permis de conduire — Führerschein

B. la carte verte — Grüne Versicherungskarte
C. la carte grise — Kraftfahrzeugschein

3. Welche Schlange ist keine Autoschlange?
C. une queue ist die Warteschlange, bei der man sich anstellt.

4. Was sollte man bei einer Polizeikontrolle nicht tun?
B. accélérer: beschleunigen
(A. freiner: bremsen C. ralentir: langsamer fahren)

TEST 3: Konversation mit der Polizei

Machen Sie aus dem Buchstabensalat wieder Wörter.

1.	*Descendez* de la voiture.	Oui, monsieur l'agent.
2.	Est-ce que quelqu'un est *blessé*?	Non, personne.
3.	*Montrez* vos papiers.	Voilà, monsieur.
4.	*Ouvrez* le coffre.	Un moment, monsieur.
5.	Vous avez *dépassé* la limitation de vitesse.	Je suis désolé(e), je n'ai pas vu le panneau.
6.	Avez-vous *consommé* de l'alcool?	Pas une goutte, monsieur.
7.	*Soufflez* dans le ballon.	Très volontiers.
8.	*Suivez*-nous au poste de police.	C'est vraiment nécessaire?

TEST 4: *Imparfait* oder *Passé composé*

1. Ma femme *a eu* un accident terrible l'autre jour. Elle *avait* la priorité mais l'autre *avait* un tracteur. (Der 2. Satz ist eine Erklärung, deshalb Imparfait.)

2. Deux dames *bavardaient* à la terrasse d'un café (Hintergrund).
- Comment *avez-vous connu* votre second mari? (Handlungskette)
- De la façon la plus romantique. Il *conduisait* la voiture (Was war schon, als ...?) qui *a écrasé* mon premier mari (Handlungskette).

3. Un célibataire expliquait pourquoi il *n'était* toujours pas marié (Zustand).
- A chaque fois que j'*ai fait* la connaissance d'une femme (Handlungskette) qui *cuisinait* comme maman, elle *ressemblait* à papa (Eigenschaft bzw. Zustand).

CHAPITRE 16

TEST 1: Setzen Sie ins *Passé composé*

1. Yaya nous *a installées*, Tania et moi, dans un hôtel de passe.
2. Il nous *a abandonnées* à un type nommé Jérôme.
3. Jérôme nous *a pris* nos passeports.
4. Jérôme nous *a mises* sur le trottoir.
5. Katia a récupéré ses papiers et elle s'est *enfuie.*

Zu 1., 2., 4.: Das Personenobjekt *nous* ist direktes Objekt (*installer qn, abandonner qn,* etc). Es geht dem *Passé composé* voraus, deshalb wird das Partizip angeglichen.

Zu 3.: *nous* ist indirektes Personenobjekt (*prendre qc à qn*). Das Partizip wird nicht angeglichen. Das direkte Objekt (*nos passeports*) steht hinter dem **Passé composé.**

Zu 5.: Auch das reflexive Verb (*s'enfuir*) wird nach dem vorausgehenden direkten Objekt (*se*) verändert, das für Katia steht.

TEST 2: Setzen Sie die Sätze in das Passiv

Das Passiv bildet man mit einer Form von *être* und dem Partizip Perfekt.
Das Partizip wird an sein Subjekt angeglichen.

1. Yaya installe Tania et Katia dans un hôtel.
   Tania et Katia *sont installées* par Yaya dans un hôtel.
2. Jérôme les met sur le trottoir.
   Elles *sont mises* sur le trottoir par Jérôme.
3. Jérôme les a violées et battues.
   Elles *ont été violées* et *battues* par Jérôme.
4. Ludmilla a *recueilli* Katia chez elle.
   Katia a *été recueillie* par Ludmilla.

Exkurs: Der Konjunktiv – *Le Subjonctif*

1. Form:

Man streicht die Endung der 3. Person Plural Präsens und hängt an den Stamm die Konjuktivendungen an:

finir: ils finiss|ent → **que je finiss*e*.**

je -*e*	tu -*es*	il -*e*	nous -*ions*	vous -*iez*	ils -*ent*
finiss*e*	finiss*es*	finiss*e*	finiss*ions*	finiss*iez*	finiss*ent*

Verben, die in der 1. und 2. Person Plural Präsens den Stamm wechseln, tun dies auch im *Subjonctif*:
prendre: ils prenn|ent → **que je prenn*e***

je -*e*	tu -*es*	il -*e*	nous -*ions*	vous -*iez*	ils -*ent*
prenn*e*	prenn*es*	prenn*e*	pren*ions*	pren*iez*	prenn*ent*

2. Funktion:

Der *Subjonctif* steht in *que* / dass-Sätzen nach subjektiven, emotionalen Ausdrücken (Wunsch, Befehl, Freude, Bedauern, Angst, Lob, Zweifel, Unsicherheit, Wertung, Notwendigkeit etc.):

je voudrais / veux que	*ich möchte, dass*
je crains que	*ich befürchte, dass*
Il faut que	*man muss*
Il est possible que	*es ist möglich, dass*
Il est dommage que	*es ist schade, dass*

Der Subjonctif steht auch nach einigen Konjunktionen:

pour que: damit,
bien que: obwohl
alors que: obwohl
avant que: bevor,
sans que: ohne dass

Ebenso in Wunschsätzen:

Gott segne euch.	Que Dieu vous *bénisse.*
Gott sei uns gnädig.	Que Dieu nous *vienne* en aide.
Es lebe der König.	*Vive* le roi.

3. Einige unregelmäßige Verben:

	je	tu	il	nous	vous	ils
aller	aille	ailles	aille	allions	alliez	aillent
avoir	aie	aies	ait	ayons	ayez	aient
être	sois	sois	soit	soyons	soyez	soient
faire	fasse	fasses	fasse	fassions	fassiez	fassent
pouvoir	puisse	puisses	puisse	puissions	puissiez	puissent
vouloir	veuille	veuilles	veuille	voulions	vouliez	veuillent

TEST 3: Unterstreichen Sie die Konjunktivformen

Elle: Darling, je *voudrais qu'on* <u>*aille*</u> au cinéma ce soir.
Lui: Mais nous y sommes déjà allés.
Elle: C'est vrai. Mais depuis on a inventé le cinéma parlant.

(Konjunktiv nach Ausdrücken des Wünschens und Wollens)

Une mère à sa fille de quatorze ans:
- *Il faut que* nous <u>*ayons*</u> une conversation sur les choses sexuelles.
- Oui, maman, qu'est-ce que tu veux savoir?

(Konjunktiv nach unpersönlichen Ausdrücken der Notwendigkeit)

TEST 4: Setzen Sie die Klammern in den Konjunktiv

1. Il est possible que Ludmilla *s'aperçoive* de la disparition du diamant.
2. J'ai promis de récupérer la pierre afin que Katia *finisse* de pleurer.
3. Le diamant doit avoir une grande valeur pour que Lacour *veuille* une enquête à n'importe quel prix.
4. Dans un banquet auquel participaient des diplomates anglais et allemands, on en arrive aux toasts. Un Anglais se lève et dit:
   - Je lève mon verre à notre Reine et que Dieu la *bénisse.*
     Aussitôt un Allemand lève son verre:
   - A notre chancelière Merkel – et que Dieu nous *vienne* en aide.

CHAPITRE 17

TEST 1: Wählen Sie: *aucun, plus, que* oder *rien*

1. Il *n'*est *que* onze heures du matin.
2. Marie *ne* peut *rien* prouver en ce qui concerne Yaya.
3. *Ne* parlons *plus* de cette affaire.
4. Yaya *ne* veut *aucun* mal à Marie et Eric.
5. Katia *n'*a *plus* d'argent.

TEST 2: Ergänzen Sie die Verneinung

1. Il n'y a *que* deux sortes de personnes qui ne devraient pas faire deux fois la même erreur: les parachutistes et les jeunes filles. (*nur*)
2. Si les femmes ne faisaient *jamais* d'erreurs, les hommes seraient tous célibataires. (*niemals*)
3. Entre Adam et Eve, la conversation était parfois difficile: ils ne pouvaient parler de *personne*. (*niemand*)
4. Pendant le service militaire on ne fait *rien*, mais on le fait très tôt le matin et ensemble. (*nichts*)

TEST 3: Erkennen Sie die Regel?

Die Infinitivkonstruktion steht statt des Nebensatzes mit *que*, wenn Haupt- und Nebensatz gleiches Subjekt haben.

1. Eric et Marie sont partis *sans avoir récupéré* le diamant.
   (gleiches Subjekt)

   Eric et Marie sont partis *sans que* Yaya *ait* rendu le diamant.
   (Hauptsatz Subjekt 1: Eric et Marie; Nebensatz Subjekt 2: Yaya)
2. Marie voulait trouver la pierre *afin de classer* l'affaire.
   Marie voulait trouver la pierre *afin que* l'affaire soit classée.
   (Hauptsatz Subjekt 1: Marie; Nebensatz Subjekt 2: l'affaire)
3. Marie voulait parler à Yaya *pour éclaircir* quelques détails.
   Marie voulait parler à Yaya *pour qu'*il *laisse* Katia en paix.

TEST 4: Vorsicht, *Subjonctif*!

Subjonctif steht hier nach den finalen Konjunktionen.
Sie drücken einen Wunsch, ein Ziel oder einen Zweck aus.

1. Papa et maman, disent deux petits kangourous à leurs parents, mettez-vous chacun à un bout du jardin, *pour que / afin que nous puissions* jouer au basket-ball.

2. Une belle-mère est une dame qui donne sa ravissante fille à un monstre horrible *afin qu' / pour qu'ils fassent* ensemble les plus adorables enfants du monde.

CHAPITRE 18

Exkurs: Der Infinitiv – *L'infinitif*

1. Der Infinitiv ohne Präposition steht nach

Modalen Hilfsverben			
vouloir	*wollen*	sembler	*scheinen*
pouvoir	*können*	devoir	*sollen*
Verben der sinnlichen Wahrnehmung			
écouter	*zuhören*	entendre	*hören*
regarder	*zusehen*	voir	*sehen*
Verben des Wünschens			
aimer	*gerne tun*	préférer	*vorziehen*
espérer	*hoffen*	désirer	*wünschen*
Verben des Sagens und Denkens			
jurer	*schwören*	déclarer	*erklären*
avouer	*gestehen*	penser	*denken*
Verben der Bewegungsrichtung zur Angabe des Zwecks			
aller voir	*besuchen*	venir prendre	*abholen*
aller faire	*vorhaben*	envoyer chercher	*schicken nach*
Zwei wichtige Verben			
laisser faire qc à qn		*jemanden etwas tun lassen*	
faire faire qc à qn		*jemanden veranlassen, etwas zu tun*	

2. Der Infinitiv mit *à* steht nach

Verben, die Bemühen, Richtung, Ziel oder Zweck angeben			
aider à	*helfen bei*	inviter à	*auffordern*
réussir à	*Erfolg haben*	encourager à	*ermutigen*
arriver à	*gelingen*	servir à	*dienen zu*

Verben, die das Mittel oder den Begleitumstand angeben			
s'amuser à faire	*Gefallen finden*	se plaire à faire	*gerne tun*
se mettre à faire	*beginnen*	se fatiguer à faire	*müde werden*

Adjektiven zur Angabe von Eignung und Zweck			
facile à faire	*leicht*	difficile à faire	*schwer*
bon à faire	*gut*	apte à faire	*fähig*

2. Der Infinitiv mit *de*

Zu dieser Gruppe gehören sehr viele Ausdrücke. Deshalb lernt man am besten die Gruppe ohne Präposition und die Gruppe, die den Infinitiv mit *à* nach sich hat.

Man merke sich auch folgende Ausdrücke	
avant de faire	*bevor man etwas tut*
venir de faire	*soeben etwas getan haben*
être en train de faire	*dabei sein, etwas zu tun*

TEST 1: Sie haben die Wahl: Infinitiv mit *à* oder *de*?

1. Une jeune fille devient femme quand elle *finit de chercher* l'homme idéal et *commence à* chercher un mari.
2. Autrefois les seins d'une femme servaient *à nourrir* les bébés; aujourd'hui ils *servent à nourrir* les cinéastes.
3. Un gentleman est un monsieur qui, *en train de décrire* une jolie fille, ne se sert pas de ses mains.

TEST 2: Übersetzen Sie die Infinitive in Klammern

1. Marie n'a pas réussi *à récupérer* le diamant.
2. Elle sait que les diamants sont difficiles *à vendre.*
3. Il est difficile *de vendre* un diamant aussi gros.

4. Elle décide *de rendre visite aux* les diamantaires du quartier.
5. Elle pense que Jean Bon n'a rien *à voir* avec cette histoire.

TEST 3: Jemanden etwas machen lassen

1. M. Bon: Lacour m'a *fait venir* pour avoir mon avis sur le diamant.
2. La fille revient d'une promenade en bateau.
   Mère: Comment s'est passée ta croisière?
   Fille: Il n'a pas seulement menti au sujet de son bateau.
   Il m'a aussi *fait ramer.*
3. Père: Et comment s'est passée la première journée à l'école?
   Fils: Eh bien, je ne sais pas lire, je ne sais pas écrire et l'instituteur *ne me laisse pas bavarder.*
4. Les talons hauts ont été inventés par une femme qui ne voulait pas *se faire embrasser* sur le front.

TEST 4: Auf Deutsch, bitte

Computer
ordinateur, m

Tastatur
clavier, m

Bildschirm
écran, m

Maus
souris, f

Jeder Strich ein Buchstabe. Sie enden alle auf *-able*

Desktop	l' ordinateur de table
Laptop	l'ordinateur portable
Handy	le portable (le téléphone cellulaire)

TEST 5: Wohin mit den Computerverben?

den Computer *ein- / ausschalten*	*allumer / éteindre* l'ordinateur
die Software starten	*mettre* en marche le logiciel
auf ein Symbol klicken	*cliquer* sur un symbole
ein Bild einfügen	*insérer* une image
eine Datei löschen	*effacer* un fichier
eine Datei speichern	*sauvegarder* un fichier
den Drucker anschließen	*brancher* l'imprimante
einen Text ausdrucken	*imprimer* un texte
ein Programm herunterladen	*télécharger* un programme

TEST 6: Die Übersetzung von *bringen*

Bringen Sie mir ein Bier.	*Apportez*-moi une bière.
Bringt mir den Verbrecher.	*Amenez*-moi le criminel.
Taxi, bringen Sie mich zur Post.	Taxi, *conduisez*-moi à la poste.
Bring das Auto in die Garage.	*Mets* la voiture dans le garage.

CHAPITRE 19

TEST 1: Welches ist das treffendste Verb?

1.	*krank werden:*	Notre secrétaire est *tombée* malade.	B.
2.	*krank machen:*	Le stress l'a *rendue* malade.	C.
3.	*krank schreiben:*	Elle est *portée* malade pour une semaine.	A.
4.	*krank feiern:*	Mais je crois plutôt qu'elle *se fait passer* pour malade.	A.

TEST 2: Während – *pendant* oder *pendant que*?

Präposition oder Konjunktion

Präpositionen (Verhältniswörter)
stehen vor Nomen, Zahlen, Maßen etc.: *pendant la nuit; depuis avril.*

Konjunktionen (Bindewörter) stehen vor Sätzen.

Manche Präpositionen werden zu Konjunktionen durch Anhängen von *que*: pendant *que* je travaillais; depuis *que* je suis né.

1. *Pendant que* Lacour cherchait mes lunettes, j'ai fouillé son bureau.
2. *Pendant* l'absence de Lacour, j'ai fouillé son bureau.
3. Le docteur regarde sa montre *pendant qu'*il prend mon pouls et constate:
   – Ou bien vous êtes mort ou bien ma montre s'est arrêtée.
4. Ma femme et moi, on a été heureux *pendant* vingt ans. Puis nous nous sommes rencontrés.

TEST 3: Seit – *depuis* oder *depuis que*?

1. *Depuis* sa visite chez Lacour, Jean Bon ne dort plus.
2. *Depuis* qu'il est rentré de chez Lacour, Jean Bon ne dort plus.
3. Le médecin en chef de l'hôpital militaire demande à l'infirmière:
   - Quoi de neuf *depuis* hier soir?
   - Rien... à part notre simulateur de la chambre 7 qui est mort.
4. Au restaurant:
   - Garçon, vous avez des cuisses de grenouille?
   - Je sais. *Depuis* ma naissance, je marche comme ça.

TEST 4: Sagen Sie es mit dem Gegenteil

1. Lacour est *tombé.* Il n'a pas pu *se relever.*
2. On a *perdu* un diamant. Il faut m'aider à le *retrouver.*
3. La porte du cabinet est toujours *ouverte.* Elle n'est jamais *fermée.*
4. Jean Bon *continue* ses aveux. Marie ne l'*interrompt* pas.

TEST 5: Vorsicht, *Subjonctif*

Nach *il faut que* steht der Konjunktiv.
Die Person, an die sich die Aufforderung richtet, wird genannt.

1. Il faut *que vous* m'*aidiez* à retrouver ce diamant.
2. Il faut *que quelqu'un prévienne* la police.
3. Marie, il faut *que vous lisiez* cet article.
4. Il faut d'abord *que j'aille* chez le docteur.

Nach *il faut* (ohne *que*) steht Infinitiv.
Der Kontext entscheidet, an wen sich die Aufforderung richtet.

1. Il faut m'*aider* à retrouver ce diamant.
2. Il faut *prévenir* la police.
3. Marie, il faut *lire* cet article.
4. Il faut *aller* chez le docteur.

TEST 6: Drei verschiedene Übersetzungen von *über*

1. Eric trouve un journal *sur* les ventes aux enchères.
2. Marie lit un article *consacré à* la vente de diamants.
3. Marie pose quelques questions *au sujet de* la vente.

TEST 7: Französisch beim Arzt

Ich bin krank.	Je suis *malade.*
Ich habe hier starke Schmerzen.	J'ai de fortes *douleurs* ici.
Ich habe mich erkältet.	J'ai pris *froid.*
Ich habe mir den Magen verdorben.	J'ai une *indigestion.*
Mir ist schlecht.	J'ai mal au cœur.
Ich habe mich übergeben.	J'ai *vomi.*
Zeigen Sie mir Ihre Zunge.	Montrez-moi votre *langue.*
Atmen Sie tief.	*Respirez* profondément.
Seit wann sind Sie krank?	Depuis quand êtes-vous *malade*?
Bleiben Sie einige Tage im Bett.	Restez quelques jours au *lit.*
Es ist nichts Ernstes.	Ce n'est rien de *grave.*

CHAPITRE 20

TEST 1: *Venir* mit Infinitiv

1. L'inspecteur *vient annoncer* l'arrestation des proxénètes.
   Er kommt, um die Verhaftung von ... mitzuteilen.
2. Marie *vient à voir* la photo de Pierre Gache.
   Marie sieht zufällig das Foto ...
3. La police *vient de démanteler* le réseau de Pierre Gache.
   Die Polizei hat soeben das Netz von ... zerschlagen.

Merke:

venir faire qc	kommen, um etwas zu tun
venir de faire qc	soeben etwas getan haben
venir à faire qc	zufällig etwas tun
venir voir qn	jemanden besuchen kommen

TEST 2: Die Übersetzung von *über*

1. L'inspecteur informe Marie *de* l'arrestation de Yaya.
2. Marie ne croit pas ce qu'on se raconte *sur le compte* de Pierrot.
3. Elle raconte à l'inspecteur ce qu'elle sait *au sujet* des bijoux.
4. Eric avait trouvé un journal *sur* les ventes aux enchères.

5. Dans le journal il y avait un article *consacré à* la vente de diamants.
6. Dites-moi, docteur, pourquoi interrogez-vous vos malades si minutieusement *sur* les vins qu'ils boivent?

TEST 3: Die Verben des Mitteilens

1. L'inspecteur Rock *annonce* l'arrestation des proxénètes.
2. Pierre Gache a *averti* ses copains des rafles.
3. Marie *révèle* tout ce qu'elle sait à la police.
4. L'inspecteur *informe* Marie de l'arrestation de Yaya.
5. Marie *prévient* Katia qu'elle a retrouvé le diamant.
6. Katia a tout *avoué* à Ludmilla.

TEST 4: Angenehme Reise

aller (2x) • partir (3x) • prendre (1x) • voyager (2x)

1.	Paul ist nach Frankreich gereist.	Paul est *parti* en France.
2.	Er ist mit dem Auto gefahren.	Il est *allé* en voiture.
3.	Er reist viel herum.	Il *voyage* beaucoup.
4.	Ich reise morgen ab.	Moi, je *pars* demain.
5.	Jean fährt nach Paris.	Paul *va* à Paris.
6.	Ich fahre in die Schweiz.	Je *pars* pour la Suisse.
7.	Fliegst du?	Tu *prends* l'avion?
8.	Ich reise lieber mit dem Zug.	Je préfère *voyager* en train.

Merke:

- **Reisen ohne Zielangabe: *voyager***
  voyager en France oder *faire un voyage*
  Testfragen: Wo wird gereist?
- **Reisen mit Zielangabe: *aller, partir***
  aller à Paris, partir pour la France.
  Testfrage: Wohin wird gereist?
- **Wahl des Verkehrsmittels: *voyager en, aller en; prendre***
  voyager / aller en train, prendre l'avion
  Testfrage: Wie wird gereist?

TEST 5: Kombinieren Sie Buchstaben und Satznummer

A. **1.** abfliegen
B. **5.** Anschlussflug
C. **6.** Aufenthalt
F. **8.** streichen
D. **3.** Direktflug
E. **9.** stornieren
G. **7.** umbuchen
H. **2.** Verspätung
I. **4.** Zwischenlandung

1. Quand *décolle* le prochain appareil pour le Canada?
2. L'appareil a un *retard* de deux heures.
3. C'est un *vol direct*?
4. L'appareil *fait escale* à Toronto.
5. Vous avez une *correspondance* à Toronto.
6. Vous y avez une *escale* de trois heures.
7. Alors, je voudrais *modifier ma réservation.*
8. Le vol Air France 2342 a été *annulé.*
9. Pourriez-vous *me rembourser* mon billet?

CHAPITRE 21

TEST 1: Der Fortbestand der Menschheit

Substantiv		Verb?
1. l'amour, m	*Liebe*	*aimer* qn
2. les fiançailles, f	*Verlobung*	se *fiancer* avec qn
3. le mariage	*Heirat*	*se marier* avec qn
4. la naissance	*Geburt*	*naître*
5. le divorce	*Scheidung*	*divorcer* de qn

TEST 2: Verliebt, verlobt, verheiratet

Jean macht Jeanne an.	Jean *drague* Jeanne.
Sie verlieben sich ineinander.	Ils *tombent* amoureux l'un de l'autre.
Die beiden verloben sich.	Les deux se *fiancent.*
Sie heiraten.	Ils se *marient.*
Sie bekommen Kinder.	Ils *ont* des enfants.
Sie lassen sich nicht scheiden.	Ils ne *divorcent* pas.

TEST 3: Fragen im Flughafen – Übersetzen Sie

1. *Wie viel Gepäck ist frei?* — A combien de bagages a-t-on droit?
2. *Was kostet das Übergepäck?* — Les bagages en excédent, c'est combien?
3. *Kann ich das als Handgepäck mitnehmen?* — Puis-je prendre ça comme bagage à main?
4. *Wo gibt es hier zollfreie Waren?* — Où peut-on acheter des marchandises exemptes de droits de douane?

TEST 4: Im Flugzeug – Übersetzen Sie

1. *Bitte das Rauchen einstellen!* — Eteignez vos cigarettes!
2. *Bitte anschnallen!* — Attachez vos ceintures!
3. *Haben Sie ein Mittel gegen Luftkrankheit?* — Avez-vous un remède contre le mal de l'air?
4. *Wann landen wir?* — Quand atterrissons-nous?

CHAPITRE 22

TEST 1: Sagen Sie es mit anderen Worten

Quelqu'un nous *observe.* — Quelqu'un nous *épie.*
Je ne me *sens* pas *bien.* — Je ne me *sens* pas *à l'aise.*
Ne pense pas toujours à ton travail. — *Oublie* ton travail.
Tous ces contrôles m'*agacent.* — Tous ces contrôles m'*énervent.*
Le gangster semble *dépassé.* — Le gangster semble *débordé.*

TEST 2: Finden Sie das Gegenteil

L'avion va *décoller* — L'avion va *atterrir.*
Détachez la ceinture de sécurité. — *Attachez* la ceinture de sécurité.
L'ambiance était *agréable.* — La situation était *désagréable.*

TEST 3: Beifall spenden – auf Deutsch, bitte

Chapeau! — *Hut ab!*
Bravo! Bon travail! — *Bravo! Gute Arbeit!*
Félicitations! — *Glückwunsch!*
Je vous félicite de votre bravoure. — *Ich gratuliere Ihnen zu Ihrer Kühnheit.*

TEST 4: Übersetzen Sie die Komplimente

- Bravo! *Bien répondu!* dit l'animateur du jeu télévisé à la candidate. Avec cette bonne réponse vous avez gagné un voyage au pôle Nord. Et si vous répondez aussi brillamment à la prochaine question, vous gagnez le retour.

- Imaginez-vous, dit Mme. Rock à sa voisine, mon mari est devenu impotent.
- *Félicitations*, ma chère, est-ce plus important qu'inspecteur?

Après le 4e round, l'entraîneur dit au boxeur:
- *Mes compliments!* Continue comme ça et je te propose pour le prix Nobel de la paix.

TEST 5: Aus der Rede des Präfekten

merci mille fois	*tausend Dank*
gratitude, f	*Dankbarkeit*
remercier	*sich bedanken*
être reconnaissant, e	*dankbar sein*

Comment pourrons-nous vous *remercier* d'avoir sauvé les passagers?
La France vous en *est reconnaissante.*
Par cette petite réception nous voulons exprimer notre *gratitude.*
Merci mille fois de la part du capitaine et de tous les passagers.

Test 6: Welches Demonstrativpronomen passt?

celui • ceux • celle • celles

1. Le gangster, c'est bien *celui* qui m'a suive à Lyon.
2. C'est un de *ceux* qui m'ont agressée dans l'hôtel.
3. Les plages de Martinique sont plus propres que *celles* de la Métropole.
4. Et sa végétation est plus luxuriante que *celle* de Majorque.

Glossar

Zeichenerklärung

m = maskulin / männlich
f = féminin / weiblich
qc = quelque chose: etwas
qn = quelqu'un: jemand
~ = Tilde: dieses Zeichen ersetzt das erste Wort der Zeile.
~ ~ = Doppeltilde: sie ersetzt die ersten beiden Wörter der Zeile.

blanc, che: Die Buchstaben hinter dem Komma eines Adjektivs oder Substantivs sind die Endung der weiblichen Form.

contrôle des billets, m = Das erste Substantiv ist maskulin.

a

à côté de	*neben*
à moitié ouvert(e)	*halb offen*
abandonner une enquête	*eine Ermittlung einstellen*
absent, e; avoir l'air ~	*geistesabwesend aussehen*
accélérateur, m	*Gaspedal*
accélérer	*beschleunigen*
accompagnateur, trice	*Begleiter(in)*
accompagné, e; sans être ~ d'un homme	*ohne männliche Begleitung*
accompagner qn à la porte	*jemanden zur Tür begleiten*
accru, e	*gesteigert, höher, verlängert*
accueillant,e	*gastfreundlich*
accueillir un client	*einen Kunden empfangen*
accuser qn d'avoir fait qc	*jemanden beschuldigen, etwas getan zu haben*
acheter qc	*etwas kaufen*
acompte, m; donné un ~ à	*jemandem eine Anzahlung machen*

addition, f; l'~ s'il vous plaît	*die Rechnung bitte*
adorer qc en qn	*etwas an jemandem lieben*
affairé; un air ~	*ein beschäftigtes Gesicht*
affecté, e; être ~ par la mort de qn	*über jemandes Tod betroffen sein*
afficher le menu	*die Speisekarte aushängen*
affoler qn	*jemanden in Schrecken versetzen*
affreux, se; une découverte affreuse	*eine schreckliche Entdeckung*
agacé, e	*gereizt*
agacer qn	*jemandem auf die Nerven gehen*
âge, m	*Alter*
agence, f	*Agentur, Büro*
~ de voyage	*Reisebüro*
agent de police, m	*Polizist*
agir; il s'agit de	*es handelt sich um*
agresser qn	*jemanden überfallen*
aider qn à faire qc	*jemandem helfen, etwas zu tun*
ailleurs; d'~	*anderswo; übrigens*
aimable; un homme ~	*ein freundlicher Herr*
air sévère, m	*strenge Miene*
air, m; avoir l'~ jeune	*jung aussehen*
aise, f; se sentir mal à l'~	*sich unwohl fühlen*
Allemand, e	*Deutscher, Deutsche*
aller et retour, m	*Hin- und Rückfahrkarte*
aller; s'en ~	*weggehen*
allié, m	*Verbündeter*
allumer une cigarette	*eine Zigarette anzünden*
allure, f	*Tempo, Geschwindigkeit, Verhalten*
alors que (+ Konjunktiv)	*obwohl*
alors; ça ~!	*also so etwas! na so was!*
ambiance, f	*Atmosphäre*
ambulance, f	*Krankenwagen*
amener qn	*jemanden mitbringen*
qu'est-ce qui vous amène?	*was führt Sie zu mir?*
amoureux, se	*verliebt*
an, m; j'ai 32 ~	*ich bin 32 Jahre (alt)*
ancien, ne; mon patron ~	*mein ehemaliger Chef*
animation, f	*Veranstaltung*
~ habituelle	*gewohntes Treiben*

anniversaire, m; fêter l'~ de	*den Jahrestag / Geburtstag von ... feiern*
annonce, f; une petite ~	*ein Inserat, Kleinanzeige*
annoncer qc pour 18 heures	*etwas für 18 Uhr ankündigen*
annuler un vol	*einen Flug streichen / stornieren*
apercevoir qc	*etwas bemerken*
apparaître derrière le comptoir	*hinter der Theke auftauchen*
appareil, m	*Maschine*
appeler qn par son nom	*jemanden rufen, beim Namen nennen*
apporter qc	*etwas bringen*
apprendre qc	*etwas erfahren*
approcher qn	*näher treten, jemanden ansprechen, an ihn herantreten*
~ de la soixantaine	*auf die 60 zugehen*
approprier; s'~ qc	*sich etwas aneignen*
appuyer sur la sonnette	*auf die Klingel drücken*
aquagym, f	*Wassergymnastik*
armoire, f	*Schrank*
arracher chaque mot à qn	*jemandem jedes Wort aus der Nase ziehen*
arrêt, m; dix minutes d'~	*ein zehnminütiger Aufenthalt*
arrêter	*anhalten, stoppen*
une voiture s'arrête	*ein Auto hält an*
arriver à faire qc	*es schaffen, etwas zu tun*
qc arrive à qn	*etwas passiert jemandem*
arroser qc	*etwas begießen*
artisanat, m	*Kunsthandwerk*
ascenseur, m	*Fahrstuhl*
assassin, m	*Mörder*
assassiner qn	*jemanden ermorden*
asseoir; s'~	*sich setzen*
asseyez-vous	*setzen Sie sich, nehmen Sie Platz*
assez	*ziemlich, genug*
assiette, f	*Teller*
assis, e; tous ~	*alles hinsetzen*
associé, e	*Partner(in)*
assommer qn	*jemanden bewusstlos schlagen*

assurance, f	*Versicherung*
assurer un objet	*einen Gegenstand versichern*
atelier de couture, m	*Modeatelier*
attacher la ceinture	*sich anschnallen*
attacher qn	*jemanden fesseln*
attaque, f	*Überfall*
attendant; en ~	*inzwischen*
attendez!	*warten Sie!*
attendre; s'~ à une surprise	*sich auf eine Überraschung gefasst machen*
attendrir; être attendri(e)	*rühren, ergreifen; gerührt sein*
attente, f	*Warten*
attentif, ve; attentivement	*aufmerksam*
attentionné, e	*rührend; aufmerksam, zuvorkommend*
atterrir	*landen*
attirer l'attention	*Aufmerksamkeit erregen*
~ le regard	*den Blick auf sich ziehen*
~ qn par de petites annonces	*jemanden durch Annoncen anlocken*
attitude, f	*Haltung, Einstellung; Getue*
attraper le revolver	*sich den Revolver schnappen*
~ par le bras	*am Arm packen*
attrouper; des personnes s'attroupent	*Menschen laufen zusammen*
au lieu de	*anstatt*
au plus vite	*so schnell wie möglich*
aucun bruit	*kein Lärm*
augmenter les tarifs	*die Preise erhöhen*
aujourd'hui	*heute*
ausculter qn	*jemanden abhorchen (Arzt)*
aussitôt	*umgehend*
autant; en faire ~	*einem Beispiel folgen, nachmachen*
autographe, m	*Autogramm*
automobiliste	*Autofahrer(in)*
autre; il vous faut quelque chose d'~?	*brauchen Sie sonst noch etwas?*
l'~ jour	*neulich*
au fait	*zur Sache*
auxiliaire intermittent, m	*zeitweiliger Gehilfe*
avaler	*verschlucken*

avant	*vor (zeitlich)*
avant que (mit Konjunktiv)	*vor, bevor*
aventure, f	*Abenteuer*
avertir ses complices	*seine Komplizen warnen*
aveu, m	*(Ein-)Geständnis*
avion, m	*Flugzeug*
avis, m; à mon ~	*meiner Meinung nach*
avouer qc	*gestehen*

b

bac, m	*Abitur*
bagage à main, m	*Handgepäck*
bâillonner qn	*jemanden knebeln*
bain; une chambre avec ~	*ein Zimmer mit Bad*
baiser, m	*Kuss*
baisser son arme	*seine Waffe senken*
banal, ce n'est pas ~	*das ist nicht alltäglich*
bas, m; des ~ en soie	*Seidenstrümpfe*
base nautique, f	*Wassersportanlage*
battre qn; se ~	*jemanden schlagen; kämpfen*
bavarder	*plaudern*
beau; il fait si ~	*das Wetter ist so schön*
beaucoup de monde	*viele Menschen*
belle; pleurer de plus ~	*noch mehr weinen*
besoin, m; avoir ~ de qc	*etwas brauchen*
beurre, m	*Butter*
bien entendu	*selbstverständlich*
bientôt	*bald*
bienvenue, f	*Willkommen*
bijou, m	*Schmuckstück*
billet, m; un ~ de cent euros	*ein Hunderteuroschein*
biscuit, m	*Keks*
bise, f; se faire la ~	*sich Küsschen geben*
bizarre	*seltsam, eigenartig*
blague, f	*Scherz*
blanc de poulet, m	*Hähnchenbrust*
blanc, che	*weiß*
blancheur éclatante, f	*strahlendes Weiß*

blesser qn	*jemanden verletzen*
blouson, m	*Jacke*
boire de l'alcool	*Alkohol trinken*
boisson, f	*Getränk*
boîte, f	*Disko*
bon sang!	*Himmel Herrgott!*
bonheur, m	*Glück*
bonne journée!	*einen schönen Tag noch!*
bordé d'arbres	*von Bäumen umsäumt*
bordure, f; en ~ de plage	*entlang dem Strand*
bosse, f; avoir une ~ sur le front	*eine dicke Beule auf der Stirn haben*
botte, f	*Stiefel*
bouche, f; en avoir l'eau à la ~	*das Wasser läuft einem im Munde zusammen*
boucher; le WC est bouché	*das Klo ist verstopft*
bouchon, m	*Stau*
bouger	*sich bewegen*
bousculer	*wegstoßen; anrempeln*
bout, m; au ~ d'un moment	*nach kurzer Zeit, kurz danach*
bouteille, f	*Flasche*
branler la tête	*den Kopf schütteln*
bras, m	*Arm*
bravoure, f	*Kühnheit*
bric-à-brac, m	*Krimskrams, Nippes*
brillamment	*brillant, glänzend*
brochette, f	*Spieß*
bronzé, au teint ~	*braungebrannt*
bruit, m; entendre un ~	*ein Geräusch hören*
brusquement	*plötzlich, unvermittelt*
brusquer l'affaire	*die Angelegenheit beschleunigen*
bruyant, e	*laut, geräuschvoll*
bureau, m; derrière mon ~	*hinter meinem Schreibtisch*
C.V., m	*Lebenslauf*
çà et là	*hier und dort*
cabinet de médecin, m	*Arztpraxis*
cacher	*verbergen; verstecken*

cadavre, m	*Leiche*
calme; une chambre ~	*ein ruhiges Zimmer*
calmer qn	*jemanden beruhigen*
cambriolage, m	*Einbruch*
canapés, m pl	*Häppchen, belegte Brötchen*
capable; être ~ de faire	*fähig, in der Lage sein zu tun*
capitale, f	*Hauptstadt*
car	*denn*
caractéristique, f; une ~ particulière	*ein besonderes Kennzeichen*
carafe, f; une ~ d'eau	*eine Kanne Wasser*
carte de visite, f	*Visitenkarte*
carte des vins, f	*Weinkarte*
carte d'identité, f	*Ausweis*
carte grise, f	*Kfz-Schein*
cas, m; c'est le ~ de le dire	*das kann man wohl sagen*
en tout ~	*jedenfalls*
cause, f; à ~ de	*Ursache; wegen*
et pour ~	*aus gutem Grund*
ceinture, f; attacher la ~	*den Sicherheitsgurt anlegen, sich anschnallen*
la ~ noire	*der schwarze Gürtel (Judo)*
célibataire; je suis ~	*unverheiratet*
celle-là ; elle est bonne ~	*das ist ein guter Witz*
certain, e	*sicher, gewiss*
certificat de travail, m	*Arbeitszeugnis*
cesser la discussion	*das Gespräch beenden*
chaise, f	*Stuhl*
chaleur, f	*Hitze*
chaleureux, se	*herzlich*
chambre à coucher, f	*Schlafzimmer*
chance, f; avoir de la ~	*Glück haben*
chantage, m	*Erpressung*
chanter; faire ~ qn	*singen; jemanden erpressen*
chantilly, f	*Schlagsahne*
chapeau, m	*Hut*
charger qn de faire qc	*jemanden beauftragen, etwas zu tun*
chasse d'eau, f	*Klospülung*
chaud, e; de l'eau ~e	*warmes Wasser*

chauffage, m	*Heizung*
chauffeur, m	*(Berufs-)Autofahrer*
chaussure, f	*Schuh*
chemin, m	*Weg*
chercher qc	*etwas suchen*
cheveux, m pl	*Haare*
chiffre, m	*Zahl*
chœur, m; répondre en ~	*wie aus einem Mund antworten*
choix, m;	*Wahl*
vous avez fait votre ~?	*haben Sie schon gewählt?*
ne pas avoir le ~	*keine andere Wahl haben*
chômage, m; être au ~	*arbeitslos sein*
chute, f; la ~ du mur	*Sturz; die Wende*
cinquantaine; un homme d'une ~ d'années	*ein Mann in den Fünfzigern*
circulaire; jeter un regard ~	*rundum blicken*
cire, m; en ~	*aus Wachs*
claquer la porte	*die Türe zuknallen*
clé, f; fermer une pièce à ~	*ein Zimmer abschließen*
client, e	*Kunde, Kundin*
cloison, f	*Trenn-, Zwischenwand*
cocktail de bienvenue, m	*Willkommenstrunk*
cocotier, m	*Kokospalme*
coiffeur, m; aller chez le ~	*zum Friseur gehen*
collier, m	*Halsband*
colonne, f	*Säule*
combien; ça fait ~?	*wie viel macht das?*
vous faites du ~?	*welche (Schuh-)Größe haben Sie?*
commander une glace	*ein Eis bestellen*
comme; ~ vous voudrez	*da; wie; wie Sie wünschen*
commencer une enquête	*eine Ermittlung beginnen*
commerçant, e	*Kaufmann, Kauffrau*
commissaire-priseur, m	*Auktionator*
compatriote	*Landsmann, -männin*
complètement; une fille ~ nue	*ein splitternacktes Mädchen*
composter le billet	*den Fahrschein entwerten*
comprendre le russe	*Russisch verstehen*
je n'y comprends rien	*ich verstehe nichts / kein Wort*

compris, e	*verstanden*
compter jusqu'à trois	*bis drei zählen*
comptoir, m	*Ladentisch; Theke*
~ d'enregistrement	*Check-in*
concerner; en ce qui concerne X	*was X anbelangt / betrifft*
concierge, m, f	*Hausmeister(in)*
condition, f; accepter une ~	*eine Bedingung annehmen*
conducteur, trice	*Fahrer(in)*
conduire	*Auto fahren*
~ qn à sa table	*jemanden zu seinem Tisch führen*
confidentiel, le	*vertraulich*
confier qc à qn	*jemandem etwas anvertrauen*
congratuler qn sur	*jemandem gratulieren zu*
connaissance, f; perdre ~	*ohnmächtig werden*
connaissance; faire la ~ de qn	*jemandes Bekanntschaft machen*
connaître qn / qc	*jemanden / etwas kennen*
connu, e	*bekannt*
conseil; donner un ~	*einen Rat geben*
consommer de l'alcool	*Alkohol konsumieren / trinken*
consultation, f	*Beratung*
consulter l'ordinateur	*den Computer befragen*
~ une liste	*in einer Liste nachsehen*
content, e; être ~	*froh; zufrieden sein*
continuer à / de faire qc	*mit etwas fortfahren*
~ l'enquête	*die Ermittlung fortsetzen*
contrat, m; signer un ~	*einen Vertrag unterschreiben*
contrôle des billets, m	*Fahrkartenkontrolle*
convenir parfaitement	*perfekt passen*
cela me convient	*das passt mir*
copain de lycée, m	*Schulfreund*
correspondance, f; avoir une ~ à Bonn	*einen Anschlusszug in Bonn haben*
costume, m	*Herrenanzug*
côte de veau aux morilles, f	*Kalbskotelett mit Morcheln*
côté fenêtre, m	*am Fenster*
côtés, m pl; de tous ~	*überall; von allen Seiten*
coucher; se ~	*sich hinlegen*
couloir, m; une place côté ~	*ein Sitzplatz zum Gang*
coup de revolver, m	*Schuss*

coup de sonnette	*Läuten*
~ de poing	*Faustschlag*
donner un ~ sur la tête	*einen Schlag auf den Kopf geben*
être dans le ~	*in die Sache verwickelt sein*
couper le pain	*das Brot schneiden*
couple d'amoureux, m	*Liebespaar*
cour, f	*Hof*
courage, m	*Mut*
ne pas avoir le ~ de faire qc	*nicht die Energie / das Herz haben, etwas zu tun*
courant; être au ~	*auf dem Laufenden sein*
mettre qn au ~	*jemanden informieren, auf den neuesten Stand bringen*
courir les filles	*den Mädchen nachlaufen*
courrier; ~ électronique, m	*Post (die man erhält); E-Mail*
course, f	*Fahrt (im Taxi)*
coursier, m	*Kurier*
court, e	*kurz*
coûter les yeux de la tête	*ein Vermögen kosten*
couturier, m; travailler pour un ~	*für einen Modedesigner arbeiten*
craindre qn	*jemanden fürchten*
crainte, f	*Furcht, Angst*
créer des modèles	*Modelle kreieren*
crevé, e; être ~	*erledigt sein*
crime, m	*Verbrechen*
crise cardiaque, f	*Herzinfarkt*
croire; je n'y crois pas	*ich kann es nicht glauben*
croquer qc	*etwas knabbern*
cuisine, f	*Küche*
cuisinier; cuisinière	*Koch; Köchin*
cuivre, m; une plaque en ~	*ein Kupferschild*
culotte, f	*Unterhose*
curieux, se	*neugierig; Neugierige(r)*
curieux, se; une façon ~	*eine komische Art*

d'accord	*einverstanden*
dangereux, se	*gefährlich*
danseur, se	*Tänzer(in)*
déborder; être débordé par qc / qn	*überfordert sein*
debout; être ~ 24 heures sur 24	*Tag und Nacht auf den Beinen sein*
débrouiller; se ~ avec sa conscience	*mit seinem Gewissen zurechtkommen*
début, m; tous les ~s sont difficiles	*aller Anfang ist schwer*
décevoir; il est déçu	*er ist enttäuscht*
décocher un coup de poing	*einen Faustschlag versetzen*
décoller	*starten, abfliegen*
déconfit, e; des mines ~es	*betretene Gesichter*
découverte, f; une ~ affreuse	*eine schreckliche Entdeckung*
découvrir un cadavre	*eine Leiche entdecken*
décrire qn / qc	*jemanden / etwas beschreiben*
décrocher le téléphone	*den Hörer abnehmen*
défaire les bagages	*die Koffer auspacken*
défendre; je veux me ~	*ich will mich verteidigen*
défense, f; ~ d'entrer	*Eintritt verboten*
défilé, m; un ~ de mode	*eine Modenschau*
déguster la bonne cuisine	*die gute Küche genießen*
déguster; ~ du vin	*Wein kosten*
dehors	*draußen*
délivrer qn	*jemanden befreien*
demande, f	*Wunsch, Bitte; Forderung*
demander qc à qn	*jemanden etwas fragen*
demander son chemin	*nach dem Weg fragen*
démanteler	*zerschlagen*
démarche, f; faire des ~s	*Vorhaben; Schritt; Gang; Schritte unternehmen*
démarrer la voiture	*den Motor anlassen / starten*
demi-heure, f; une bonne ~	*eine gute halbe Stunde*
dent, f; avoir mal aux dents	*Zahn; Zahnweh haben*
départ, m	*Abreise*
dépasser	*überfordern, überholen*
dépasser la limitation de vitesse	*die erlaubte Geschwindigkeit überschreiten*
dépaysement, m	*Abwechslung, Umstellung*

dépêcher; il faut que je me dépêche	*ich muss mich beeilen*
déplacer; se ~	*reisen; sich bewegen; sich herbemühen*
depuis 24 heures;	*seit 24 Stunden*
~ le début	*von Anfang an*
~ quand	*seit wann*
dernier, ière; la dernière édition	*die letzte Ausgabe*
dérouler; le défilé se déroule normalement	*ablaufen; die Modenschau verläuft normal*
des mots doux	*zärtliche Worte*
dès que	*sobald*
désagréable	*unangenehm*
désarmer un gangster	*einen Gangster entwaffnen*
descendre dans un hôtel	*in einem Hotel absteigen*
~ du train	*aus dem Zug steigen*
désirer comme dessert	*als Nachtisch wünschen*
désolé, e; je suis ~	*es tut mir leid*
dessert, m	*Nachtisch*
dessin, m; le ~ du tapis	*das Muster des Teppichs*
dessous, m pl; des ~ troublants	*aufregende Unterwäsche*
destination, f	*Reiseziel*
détacher la ceinture	*den Gurt lösen*
détruire qc	*etwas vernichten, zerstören*
devenir	*werden*
devenir; que devient Lacour?	*was macht / wie geht es Lacour?*
devenu, e; qu'est-ce qu'elle est ~e?	*was ist aus ihr geworden?*
dévisager qn minutieusement	*jemanden genau mustern*
devoir de l'argent	*Geld schulden*
difficile	*schwer*
digicode, m	*Zahlencode*
diriger une agence	*ein Büro leiten*
se ~ vers qn	*auf jemanden zugehen*
discours, m; faire un ~	*eine Rede halten*
discuter avec qn	*diskutieren mit jemandem*
disparaître dans la foule	*in der Menge verschwinden*
disparition, f	*Verschwinden*
disparu	*verschwunden*
disponible	*frei, verfügbar*

disposition, f, mettre qc à la ~ de qn	*jemandem etwas zur Verfügung stellen*
dispute, f	*Streit*
dissimuler qc	*etwas verschleiern, verbergen*
distingué, e	*vornehm*
distraction, f; j'ai besoin d'une ~	*ich brauche eine Ablenkung*
dite; à l'heure ~	*zur vereinbarten Zeit*
divorce, m	*Scheidung*
divorcer d'avec qn	*sich von jemandem scheiden lassen*
docile; il a un caractère ~	*er ist folgsam / fügsam*
domestique	*Hausangestellte(r)*
domicile, m	*Wohnung; Wohnsitz*
dominer la ville	*die Stadt überblicken / beherrschen*
donc	*also*
donner le feu vert pour / à qn	*grünes Licht geben*
dont (Relativpronomen)	*dessen, deren; von dem / der / denen*
dormir	*schlafen*
dortoir, m	*Schlafsaal*
dossier, m	*Akte*
douane, f	*Zoll*
double; une chambre ~	*Doppelzimmer*
doute, m; sans ~	*Zweifel; wahrscheinlich*
douter; se ~ de qc	*etwas ahnen*
doux, ce	*weich, zart, mild*
douzaine, f; une ~	*ein Dutzend*
draguer une fille	*ein Mädchen anmachen*
dresser	*hochstrecken*
dresser le buffet	*das Buffet anrichten*
droit, droite; à ~e	*gerade; nach rechts*
droit, m; à combien de bagages a-t-on ~?	*Recht, wie viel Gepäck darf man haben?*
droite; à ~	*nach rechts*

e

ébouriffé, e; avoir les cheveux ~s	*zerzauste Haare haben*
échanger des paroles	*Worte wechseln*
éclair, m	*Liebesknochen (Gebäck)*
éclair; une visite ~	*eine Blitz- / Stippvisite*

éclaircir un crime	*ein Verbrechen aufklären*
éclairer la rue	*die Straße be-/erleuchten*
éclat de rire, m	*Gelächter*
éclater de rire	*in Gelächter ausbrechen*
écraser un chat	*eine Katze überfahren*
écrier; s'~	*ausrufen*
écrire le contrat à la main	*den Vertrag mit der Hand schreiben*
écrouler; s'~ dans un fauteuil	*zusammenbrechen; sich in einen Sessel fallen lassen*
édition, f; la dernière ~	*letzte Ausgabe*
élevage de bergers allemands, m	*Schäferhundezucht*
éloigner qn;	*jemanden entfernen;*
s'éloigner	*sich entfernen*
embarquement, m	*Anbordgehen*
carte d'~	*Bordkarte*
embaucher	*einstellen, beschäftigen; beauftragen*
embêtant, e; c'est très ~	*das ist sehr unangenehm*
embouteillage, m	*Stau*
emmener qn	*jemanden mitnehmen*
empêcher qn de faire	*verhindern*
employé de bureau, m	*Büroangestellter*
emporter; ~ toujours trop	*immer zu viel mitnehmen*
empresser; s'~ de faire qc	*sich beeilen, etwas zu tun*
en face de la maison	*vor / gegenüber dem Haus*
en fait	*in Wirklichkeit*
en plus	*ferner, darüber hinaus*
encaisser de l'argent	*Geld kassieren*
~ le pourboire	*das Trinkgeld einstreichen*
enchanté, e!	*sehr erfreut!*
endormir	*einschläfern*
énerver qn	*jemandem auf die Nerven gehen*
enfant, m, f	*Kind*
enfin	*schließlich, endlich*
enfoncer la porte	*die Tür einschlagen*
enfuir; s'~	*fliehen*
engager; s'~ à faire qc	*sich verpflichten, etwas zu tun*
engloutir	*verschlingen*
ennuyé, e; avoir l'air ~	*verärgert aussehen*

enquête, f	*Ermittlung*
enquêter sur une personne	*ermitteln gegen; eine Person ausforschen*
enquêteur, euse	*Ermittler(in)*
ensemble	*zusammen*
entendre; s'~ bien	*sich gut verstehen*
une musique se fait ~	*hören; eine Musik ertönt*
entendu	*einverstanden*
enterrer qn	*jemanden begraben*
en-tête, m	*Briefkopf*
entraîner qn dans une affaire	*jemanden in eine Affäre mit hineinziehen*
entraîneur, m	*Trainer*
entre autres	*unter anderem*
entrée, f; prendre qc en ~	*etwas als Vorspeise nehmen*
entrer	*eintreten*
entre-temps	*in der Zwischenzeit; mittlerweile*
entrer dans la police	*in den Polizeidienst eintreten*
entretien d'embauche, m	*Vorstellungsgespräch*
enveloppe, f	*(Brief-) Umschlag*
envergure, f	*Format, Bedeutung*
envie, f; avoir ~ de faire qc	*Lust haben, etwas zu tun*
environ 40 ans	*ungefähr 40 Jahre*
envoler; il s'est envolé	*er ist ausgeflogen*
envoyer la femme de chambre	*das Zimmermädchen schicken*
envoyer qc à qn	*etwas auf jemanden werfen*
épier	*heimlich beobachten, mustern*
épouser qn	*jemanden heiraten*
épuiser qn	*jemanden erschöpfen*
équipement, m	*Ausrüstung, Gerät*
erreur, f; faire une ~;	*einen Fehler machen*
il y a ~	*da liegt ein Irrtum vor*
escale, f; faire ~ à	*eine Zwischenlandung machen in*
escalier, m; un ~ étroit	*eine enge Treppe*
esclave, m, f	*Sklave, Sklavin*
espérer	*hoffen*
essayer de faire qc	*versuchen, etwas zu tun*
~ les chaussures	*die Schuhe anprobieren*

Est, m	*Osten*
estomac, m	*Magen*
établir une note	*eine Rechnung ausstellen*
étage, m; deuxième ~ gauche	*zweiter Stock links*
état d'âme, m	*Seelenzustand*
éteindre une cigarette	*eine Zigarette ausmachen*
étoile, f; un hôtel deux étoiles	*ein Zwei-Sterne-Hotel*
étonné, e	*erstaunt*
étonnement, m	*(Er-)Staunen*
étouffer	*nach Luft ringen; ersticken*
étrange	*fremd, eigenartig*
étranger, m; étrangère, f	*Ausländer(in)*
étroit, e; des bottes trop ~es	*zu enge Stiefel*
étude de notaire, f	*Kanzlei eines Notars*
étudiant, e	*Student(in)*
étudier le français	*Französisch lernen / studieren*
évaluer	*(den Wert) schätzen*
exagérer	*übertreiben*
excédent; les bagages en ~	*Übergepäck, zu viel an Gepäck*
excité; e; je suis si ~	*ich bin so aufgeregt*
exciter; le cas commence à m'~	*der Fall beginnt mich zu reizen*
exclamer; s~	*ausrufen, aufschreien*
excursion, f	*Ausflug*
excuse, f	*Entschuldigung*
exécuter des danses	*Tänze aufführen*
exempt, e (de droits) de douane	*zollfrei*
exercer un métier	*einen Beruf ausüben*
expertise, f	*Gutachten*
explication, f; demander une ~	*eine Erklärung verlangen*
exploser	*explodieren*
exposer des joyaux	*Juwelen ausstellen*
extérieur, de l'~	*von außen*

fabriquer	*herstellen, machen, treiben*
face, f	*Gesicht*
fâché, e; il est très ~	*er ist sehr erbost*
façon, f; de cette ~	*auf diese Weise*
de toute façon	*jedenfalls*
facteur, m; le ~ apporte le courrier	*der Briefträger bringt die Post*
faim, f	*Hunger*
faire des déductions	*Schlüsse ziehen*
~ du cinéma	*Filme machen*
~ oui de la tête	*zustimmend nicken*
~ part de qc à qn	*jemandem etwas mitteilen*
~ sérieux	*seriös erscheinen*
~ un numéro	*eine Telefonnummer wählen*
~ une enquête	*ermitteln*
~ venir qn	*jemanden kommen lassen*
~ chanter	*erpressen*
fait; au ~	*übrigens; zur Sache*
faites (faire); ne vous en ~ pas!	*regen Sie sich nicht auf!*
falloir	*müssen, sollen*
il va ~ vous habiller	*Sie werden sich anziehen müssen*
il faut attendre	*wir müssen warten*
il nous faut demander notre chemin	*wir müssen nach dem Weg fragen*
familier, ière; un visage ~	*ein vertrautes / bekanntes Gesicht*
fatigant, e; c'est très ~	*das ist sehr mühsam / anstrengend*
fatigué, e	*müde, erschöpft*
fatigue, f	*Müdigkeit*
faute, f	*Fehler, Schuld*
faute, faire qc sans ~	*etwas unbedingt machen müssen*
fauteuil roulant, m	*Rollstuhl*
se laisser tomber dans un ~	*sich in einen Sessel fallen lassen*
faux, sse; le ~ metteur en scène	*der falsche Regisseur*
féliciter qn	*jemanden beglückwünschen*
fermer une pièce à clé	*ein Zimmer abschließen*
fêter	*feiern*
feu (rouge), m	*Ampel*
fève, f	*Saubohne*
fiançailles, f pl	*Verlobung*

fiancé, e	*Verlobter; Verlobte*
fiancé; son ancien ~	*ihr ehemaliger Verlobter*
fier, fière, fièrement	*stolz*
fièvre, f	*Fieber*
fil, m; donner un coup de ~ à qn	*jemanden anrufen*
filature, f; prendre qn en ~	*jemanden beschatten*
filer	*sich davonmachen*
filière, f	*Netz*
fille, f	*Tochter, Mädchen*
filons!	*hauen wir ab!*
fils, m	*Sohn*
fin, f; la ~ de la nuit	*das Ende der Nacht*
finalement	*schließlich, endlich*
finir mal	*böse enden*
~ par faire qc	*abschließen mit; schließlich etwas tun*
florissant, e	*blühend*
fondre; se ~ dans la foule	*in der Menge untertauchen*
~ en larmes	*in Tränen ausbrechen*
formidable	*toll*
fortune, f	*Vermögen*
fossé, m	*Graben*
fou, fol, folle	*verrückt*
fouiller dans la valise	*im Koffer wühlen*
~ un bureau	*ein Büro durchsuchen*
foule, f; disparaître dans la ~	*in der Menge verschwinden*
fourchette, f	*Gabel*
frais, fraîche	*frisch*
franc, che	*aufrichtig*
freiner	*bremsen*
fréquenter qn	*verkehren, Umgang haben mit*
frigo, m	*Kühlschrank*
frissonner	*zittern*
froid, e	*kalt*
fromage de chèvre, m	*Ziegenkäse*
front, m	*Stirn*
fumer des cigarettes	*Zigaretten rauchen*
furieux, se	*wütend*

gagner sa vie	*seinen Lebensunterhalt verdienen*
gant, m	*Handschuh*
garder	*bewachen, bewahren, behalten*
garder l'argent	*das Geld behalten*
gardien, ne	*Hausmeister, Wärter*
gare, f	*Bahnhof*
gauche; à ~	*nach links*
gazeux, se	*mit Kohlensäure*
gémir	*stöhnen*
général	*allgemein*
genre, m	*Art, Sorte*
gens; les ~ du quartier	*die Leute aus der Nachbarschaft*
geste, m	*Geste, Bewegung, Tat*
glace aux framboises, f	*Himbeereis*
glacé, e; l'eau est glacée	*das Wasser ist eiskalt*
glace, f; se regarder dans la ~	*sich im Spiegel betrachten*
glisser qc dans sa poche	*etwas einstecken*
gonflable; une poupée ~	*eine aufblasbare Puppe*
goutte, f; une ~ de pétrole	*ein Tropfen Erdöl*
goutter; le robinet goutte	*der Hahn tropft*
grâce à	*dank*
grand lit; m; une chambre avec un ~ ~	*ein Zimmer mit Doppelbett*
gratitude, f	*Dankbarkeit*
grave; ce n'est pas ~	*das ist nicht ernst / schlimm*
gré, m; contre le ~ de qn	*gegen jemandes Willen*
grève, f	*Streik*
grimper l'escalier	*die Treppe hinaufsteigen*
grogner	*knurren*
gros, se; avoir une ~se bosse sur le front	*eine große Beule auf der Stirn haben*
grossier, ière	*ungehobelt, ordinär*
gueule, f	*Schnauze*
guichet, m; au ~	*am (Fahrkarten-)Schalter*
guider qn	*jemanden führen, leiten, beraten*

h

habiller; bien habillé	*gut gekleidet*
habitant, m	*Bewohner*
habiter à Paris	*in Paris wohnen*
habitude, f; avoir l'~ de qc	*etwas gewohnt sein*
habituer; s'~ à qc	*sich an etwas gewöhnen*
hagard,e	*verstört*
hasard, m, faire qc par ~	*Zufall; etwas zufällig tun*
hausser les épaules	*mit den Achseln zucken*
haut les mains!	*Hände hoch!*
haut, e; d'en ~	*hoch; von oben*
haut-parleur, m	*Lautsprecher*
hébergement, m	*Unterbringung, Übernachtung*
héros, m	*Held*
hésiter à faire qc	*zögern, etwas zu tun*
heures sup, f pl; rémunération des ~ ~	*die Bezahlung der Überstunden*
heureux, se; être ~	*glücklich sein; sich freuen*
hier après-midi	*gestern Nachmittag*
histoire, f; raconter toute l'~	*die ganze Geschichte erzählen*
honnête; il est tout à fait ~	*er ist absolut ehrlich*
honorable, un homme ~	*ein ehrenwerter Mann*
honte, f; avoir ~	*sich schämen*
hors-d'œuvre, m	*Vorspeise*
hôte, hôtesse	*Gastgeber(in)*
hôtel de passe, m	*Stundenhotel*
hôtel des ventes, m	*Auktionshaus*
hublot, m	*Bullauge*

i

ignorer qc	*etwas nicht wissen*
il faut	*ich muss*
image, f	*Bild*
immédiat, e	*sofortig, unmittelbar*
immeuble, m; un ~ du siècle dernier	*ein Gebäude aus dem letzten Jahrhundert*
impatiemment; attendre ~	*ungeduldig warten*
impeccable	*einwandfrei, tadellos, blitzsauber*
important, e	*wichtig, bedeutend*
impossible	*unmöglich*

impression, f; avoir l'~ que	*den Eindruck haben, dass*
imprimer une carte	*eine Karte drucken*
inattention, f	*Unaufmerksamkeit*
incapable de bouger	*unfähig, sich zu bewegen*
incident, m	*Ereignis*
incompréhension, f	*Unverständnis*
incroyable	*unglaublich*
indiqué, e; l'adresse ~e	*die angegebene Adresse*
indiquer qc	*etwas bezeichnen, anzeigen*
informateur, trice	*Informant(in)*
innocemment; demander ~	*unschuldig fragen*
innocent, e	*unschuldig*
installer; s'~ à la terrasse	*sich auf die Terrasse setzen*
intention, f; avoir l'~ de voler qc	*die Absicht haben, etwas zu stehlen*
intérêt, m	*Interesse*
interrogatoire; m	*Verhör, Vernehmung*
interroger qn	*jemanden befragen*
interrompre; ~ le voyage	*die Reise unterbrechen*
intervenir	*einschreiten*
intervention, f; l'~ de la police	*das Einschreiten der Polizei*
intrusion, f	*Eindringen*
invective, f	*Beleidigung, Schmähung*
invisible	*unsichtbar*
invité, e; un ~ de marque	*ein hoher Gast*
irréfléchi, e; un geste ~	*unüberlegtes Handeln*
ivre	*betrunken*

j

jambon, m	*Schinken*
Japonais, e	*Japaner(in)*
jardin, m	*Garten*
jaune; une carte ~	*eine gelbe Karte*
jeter qn dehors	*jemanden rauswerfen*
~ des regards à qn	*jemandem Blicke zuwerfen*
se ~ sur qn	*sich auf jemanden werfen*
jeunesse, f	*Jugend*
joie, f	*Freude*
jour, m; de nos jours	*heutzutage*

journal local, m	*Lokalblatt*
joyau, m	*Juwel*
jupe, f; une ~ courte	*ein kurzer Rock*
jus de fruits, m	*Fruchtsaft*
jusqu'à demain matin	*bis morgen früh*
~ présent	*bis heute*
juste; au ~	*eigentlich*

L

là-bas	*dort drüben*
laisser; se ~ aller	*sich hingeben, sich gehen lassen*
laissons tomber!	*geben wir's auf!*
lait, m	*Milch*
lancer	*ausstoßen, aussprechen, anfahren; werfen, zurufen*
langue, f	*Sprache, Zunge*
larme, f	*Träne*
léger, ère; un ~ accent russe	*ein leicht russischer Akzent*
légèrement blessé, e	*leicht verletzt*
lendemain, m; le ~	*am nächsten Tag*
lequel, laquelle, lesquels, lesquelles	*welche(r)*
lever les mains	*die Hände hochnehmen*
lever; se ~	*heben; aufstehen*
lèvre, f	*Lippe*
liesse, f; être en ~	*jubeln*
lieu, m; au ~ de	*anstatt*
lieu, m; avoir ~	*Ort, Stelle; stattfinden*
ligne, f	*(schlanke) Linie*
limitation de vitesse, f	*Geschwindigkeitsbegrenzung*
lingerie, f; un magasin de ~	*ein Geschäft für Damenunterwäsche*
lire son journal	*seine Zeitung lesen*
lit, m, faire son ~	*sein Bett machen*
aller au ~	*ins Bett gehen*
restez au ~!	*bleiben Sie im Bett!*
locataire	*Mieter(in)*
loin	*entfernt*
pas ~ de	*nicht weit weg von*

long, longue	*lang*
longtemps; il a travaillé ~ dans la police	*er hat lange bei der Polizei gearbeitet*
lorsque	*als*
louer l'équipement	*die Ausrüstung mieten*
lourd, e	*schwer*
une valise ~e	*ein schwerer Koffer*
lourdement	*schwerfällig*
lumière, f; allumer la ~	*das Licht einschalten*
lundi, m	*(am) Montag*
lune, f; au clair de ~	*im Mondschein*
lunettes, f pl	*Brille*
luxueux, se; un magasin ~	*ein luxuriöser Laden*
luxurieux, se	*üppig*

m

magasin de chaussures, m	*Schuhgeschäft*
maigre	*mager*
~ à faire peur	*zum Fürchten mager*
main, f	*Hand*
maintenant	*nun, jetzt*
maison de passe, f	*Stundenhotel*
maître chanteur, m	*Erpresser*
mal comprendre	*missverstehen*
avoir ~ partout	*überall Schmerzen haben*
mal de l'air, m	*Luftkrankheit*
mal, m; maux, pl	*Übel; das Böse*
rien de mal	*nichts Böses*
malade	*krank*
malgré la chaleur	*trotz der Hitze*
malheureux, se	*unglücklich*
manger; bien ~	*gut essen*
maniement, m; ~ des armes	*Handhabung, Bedienung; Umgang mit Waffen*
manières, f pl	*Umgangsformen*
manquer de qc	*etwas nicht haben; zu wenig haben; etwas vermissen lassen*
il manque des serviettes	*es fehlen Handtücher*

maquiller	*schminken*
marc, m	*Grappa*
marché, m; le ~ mondial	*der Weltmarkt*
marcher avec difficulté	*mühsam gehen*
mariage, m	*Heirat*
marier; se ~ avec qn	*jemanden heiraten*
matin, m; au petit ~	*im Morgengrauen*
méchant, e	*bösartig*
mécontent, e; un client ~	*ein unzufriedener Kunde*
meilleur, e; la ~	*die Beste*
les meilleures places sont occupées	*die besten Plätze sind besetzt*
mélanger	*vermischen*
mêler le travail et le plaisir	*Arbeit und Vergnügen vermischen*
même	*sogar*
même si	*selbst wenn*
menace, f	*(Be-)Drohung*
menacer qn	*jemanden (be-)drohen*
ménage, m	*Haushalt; Hausrat*
mener une enquête sur	*ermitteln gegen*
mensonge, f	*Lüge*
mentir	*lügen*
menu, m	*Speisekarte*
mer d'huile, f	*spiegelglattes Meer*
mériter des vacances	*Ferien verdient haben*
merveille, f	*Wunder, Meisterwerk*
merveilleux, se	*großartig, wunderbar*
mesure d'intimidation, f	*Einschüchterungsmaßnahme*
metteur en scène, m	*Regisseur*
mettre au courant	*jemanden informieren*
~ sur pied	*aufbauen; auf die Beine stellen*
midi, m; à ~	*um 12 Uhr mittags*
mieux	*besser*
expliquer du ~ possible	*so gut wie möglich erklären*
le ~ est de...	*das Beste ist ...*
mi-figue mi-raisin	*süß-säuerlich, wenig begeistert*
milieu, m	*Mitte*
mille fois	*tausendmal*
mine, f; elle a une ~ superbe	*sie sieht prächtig aus*

miroir, m; se regarder dans le ~	*sich im Spiegel betrachten*
modifier une réservation	*umbuchen*
moins bien marcher	*weniger gut laufen*
mois, m	*Monat*
moitié, f; à ~ ouvert,e	*halb offen*
monde, m; beaucoup de ~	*viele Menschen; Welt; Gesellschaft*
mondial, e; aux, pl	*Welt-*
monnaie, f	*Kleingeld, Wechselgeld*
monter en voiture	*in das Auto steigen*
montre, f	*Armbanduhr*
moquer; se ~ de qn	*sich über jemanden lustig machen*
moqueur, se; un sourire ~	*ein spöttisches Lächeln*
mort, e; de peur	*tot vor Angst*
il est bel et bien ~	*er ist mausetot*
mort, e	*tot; der / die Tote*
mot, m; à ces mots	*bei diesen Worten*
mourir d'une crise cardiaque	*an einem Herzinfarkt sterben*
moustache, m; un type à ~	*ein Kerl mit Schnurrbart*
mystérieux, se	*geheimnisvoll*

n

naissance, f	*Geburt*
nappe, f	*Tischtuch*
négocier	*verhandeln; vermitteln*
n'est-ce pas?	*nicht wahr?*
nez, m	*Nase*
ni l'assassin ni la police	*weder der Mörder noch die Polizei*
nocturne; en ~	*nachts*
nom, m; du ~ de...	*namens, mit Namen*
reserver au ~ de X	*auf den Namen X reservieren*
nombreux, se	*zahlreich*
non fumeur; un compartiment ~ ~	*Nichtraucherabteil*
noter un petit détail	*ein kleines Detail bemerken*
nouveau, nouvel, nouvelle	*neu*
nuit, f	*Nacht*
numéro de téléphone, m	*Telefonnummer*
faire un ~	*eine Nummer wählen*

O

obéir à qn	*jemandem gehorchen*
objet, m; faire l'~ d'un trafic	*gehandelt werden*
obligé, être ~ de faire	*müssen, verpflichtet sein zu tun*
obliger qn à faire qc	*jemanden zu etwas verpflichten*
observer qn	*jemanden beobachten*
obsession, f	*Zwangsvorstellung*
occasion, f; à cette ~	*bei / zu dieser Gelegenheit*
occupation, f; une ~ fatigante	*eine anstrengende Tätigkeit*
occuper qn	*jemanden beschäftigen*
s'~ de qc	*sich beschäftigen / befassen mit*
~ une place	*einen Platz besetzen*
s'~ de la voiture	*sich um das Auto kümmern*
s'~ de l'affaire	*sich um die Angelegenheit kümmern*
œil, m; yeux, pl; avoir les ~ bleus	*blaue Augen haben*
œuf, m; des œufs à la russe	*russische Eier*
office, faire qc d'~	*etwas ungefragt tun*
offre d'emploi, m	*Stellenangebot*
offrir qc à qn	*jemandem etwas anbieten*
c'est pour ~	*das ist zum Verschenken*
on dirait	*man könnte meinen*
ordinateur, m	*Computer*
ordonnance, f; faire une ~ à qn	*jemandem ein Rezept ausstellen*
ordre, m; donner des ordres	*Anweisungen geben*
à vos ordres	*zu Befehl*
ordres et contrordres	*widersprüchliche Befehle*
oreille, f; tendre l'~	*die Ohren spitzen*
oreilles de porc, f pl	*Schweinsohren*
oreilles décollées, f pl	*abstehende Ohren*
origine, f	*Herkunft, Ursprung*
être d'~ russe	*aus Russland stammen*
oublier qc	*etwas vergessen*
ouvrir la porte	*die Tür öffnen*
~ un livre	*ein Buch aufschlagen*

paiement, m; proposer en ~	*als Bezahlung anbieten*
pain aux raisins, m	*Rosinenbrot*
paix, f; laisser qn en ~	*jemanden in Frieden lassen*
paniqué, e	*in Panik*
panneau, m	*Verkehrsschild*
pansement, m	*Heftpflaster*
papoter dans toutes les langues	*in allen Sprachen plaudern*
par; prendre ~ la main	*von, bei; bei der Hand nehmen*
~ ta faute	*durch deine Schuld*
parachute, f	*Fallschirm*
parachutiste, m, f	*Fallschirmspringer*
paraître	*scheinen*
parer de	*schmücken mit*
parfois	*manchmal*
parler	*sprechen*
parmi	*unter, zwischen*
parole, f	*Wort; Sprache*
part; à ~ cela	*abgesehen davon*
partir en courant	*weglaufen*
partons!	*gehen wir!*
partout	*überall*
parure, f	*Schmuck*
pas du tout	*keineswegs*
pas question	*kommt nicht in Frage*
pas, m; à deux ~ d'ici	*zwei Schritte / ein Katzensprung von hier*
passer à l'action	*zur Tat schreiten*
~ des heures à faire qc	*Stunden mit etwas verbringen*
~ devant une maison	*an einem Haus vorbeigehen*
~ en première / deuxième	*in den 1./2. Gang schalten*
~ inaperçu	*nicht auffallen*
passez-moi votre portable!	*geben Sie mir Ihr Handy!*
passer devant qn	*vorbeigehen an, sich vordrängen*
patibulaire; une mine ~	*ein Verbrechergesicht*
patience; perdre ~	*die Geduld verlieren*
patientez!	*gedulden Sie sich!*
patron, ne	*Chef(in)*
pavé, m	*Pflaster*

payer	*bezahlen*
peau, f; ne pas se sentir bien dans sa ~	*sich in seiner Haut nicht wohl fühlen*
pêche en haute mer, f	*Hochseefischerei*
pencher; se ~ sur	*sich über … beugen; sich beschäftigen / befassen mit*
pencher; se ~	*sich neigen, beugen*
pendant; pendant que	*während*
perdre la face	*das Gesicht verlieren*
~ le contrôle de…	*die Kontrolle über … verlieren*
~ ses papiers	*seine Papiere verlieren*
avoir tout à ~	*alles zu verlieren haben*
périmètre de sécurité, m	*Sicherheitszone*
permis de conduire, m	*Führerschein*
persil, m	*Petersilie*
petits fours, m pl	*Gebäck*
peu à peu	*allmählich*
peur, f; avoir ~	*Angst haben*
faire ~	*Angst machen*
pharmacie, f; passer à la ~	*zur Apotheke gehen*
pièce, f	*Raum; Stück*
pied, m	*Fuß*
avoir les pieds sur terre	*mit beiden Beinen auf der Erde stehen, kein Träumer sein*
pied, m; à ~	*zu Fuß*
pigiste, m, f	*freier Journalist*
pignon, m; avoir ~ sur rue	*ein gut gehendes / angesehenes Geschäft besitzen*
piscine, f	*Swimmingpool*
piste, f	*Spur*
place, f; sur ~	*an Ort und Stelle*
place; à la ~ de	*anstelle von*
plainte, f; porter ~	*Anzeige erstatten*
plaire; cela vous a plu?	*gefallen; war es recht so?*
plaisanter	*scherzen*
plantation, f	*Plantage*
plaque, f; une ~ en cuivre	*Schild*
plat principal, m	*Hauptspeise*

plein, e; en pleine ville	*mitten in der Stadt*
la salle est pleine	*der Saal ist voll*
pleuvoir; il pleut	*es regnet*
plomb, m; sous un soleil de ~	*bei drückender Hitze*
plongée, f; faire de la ~	*tauchen*
pluie, f; sous la ~	*bei / im Regen*
plus j'y réfléchis plus j'hésite	*je mehr ich nachdenke, desto mehr zögere ich*
plus loin	*weiter weg*
plusieurs possibilités	*mehrere Möglichkeiten*
j'en ai ~	*ich habe mehrere davon*
plutôt; prenons ~ le métro	*nehmen wir lieber die Metro*
poignée, f	*Griff, Klinke*
poignée de main	*Händedruck*
poil, m; des voleurs de tout poil	*Diebe aller Art*
poing, m	*Faust*
point de contrôle, m	*Sicherheitskontrolle*
point, m; être au point mort	*einen toten Punkt erreicht haben*
pointe, f; c'est l'heure de ~	*es ist Stoßzeit / Rushhour*
pointer une arme dans la direction de qn	*eine Waffe auf jemanden richten*
pois chiches, m pl	*Kichererbsen*
poivre, m	*Pfeffer*
police judiciaire, f	*Mordkommission*
policier, -ière; voir un film ~	*einen Krimi(nalfilm) anschauen*
pomme, f	*Apfel*
ponctuel, le	*pünktlich*
population, f	*Bevölkerung*
porche, m	*Tor*
portable, m; appeler qn sur son ~	*jemanden auf seinem Handy anrufen*
portefeuille, m	*Brieftasche*
porteur, m	*Gepäckträger*
poser des questions	*Fragen stellen*
~ le revolver sur le comptoir	*den Revolver auf die Theke legen*
poste de police, m	*Polizeirevier*
poulette, f	*Schätzchen*
poupée, f	*Puppe*

pourboire, m	*Trinkgeld*
poursuivre qn	*jemanden verfolgen*
pourtant	*dennoch*
pousser qn à faire qc	*jemanden zu etwas veranlassen / drängen*
pousser une porte	*eine Tür aufstoßen*
pouvoir; je n'en peux plus	*ich kann nicht mehr*
précédent, e; la nuit ~e	*vergangene Nacht*
précieux, se; une pierre ~	*ein Edelstein*
préférer qc	*etwas lieber mögen / vorziehen*
préfèrer une chambre double	*ein Doppelzimmer vorziehen*
préfet, m	*Präfekt*
préfecture, f	*Präfektur*
première, f; voyager en ~	*erster Klasse reisen*
prendre des notes	*Notizen machen*
~ des renseignements	*Auskünfte einholen*
~ l'apéro	*den Aperitif nehmen*
~ le métro	*die U-Bahn nehmen*
~ note de qc	*etwas aufschreiben*
~ place	*Platz nehmen*
~ pour un(e) idiot(e)	*für einen Idioten halten*
~ rendez-vous	*sich verabreden*
~ un rendez-vous	*sich einen Termin geben lassen*
~ sa retraite	*in Rente gehen*
~ une photo	*ein Foto machen*
il n'est pas facile à ~	*mit ihm ist nicht gut Kirschen essen*
prénom, m	*Vorname*
préoccuper qn	*jemandem Sorge bereiten*
se ~ de	*sich sorgen um*
près de	*in der Nähe von*
présenter qn à qn	*jemanden vorstellen*
presque	*fast*
pressé, e; être ~	*es eilig haben*
pressentiment, m; un ~ funeste	*ein ungutes Gefühl*
presser qn de faire qc	*jemanden drängen, etwas zu tun*
prêt, e; ~ à aider	*bereit zu helfen*
prétexte, m; sous le ~ de	*unter dem Vorwand von / dass*
preuve, f	*Beweis*

prévenir la police	*die Polizei verständigen*
prévenu; être ~ par un voisin	*von einem Nachbarn benachrichtigt werden*
prier; je vous en prie	*bitte sehr!*
prise d'otages, f	*Geiselnahme*
prix, m	*Preis*
prix Nobel de la paix	*Friedensnobelpreis*
problème sentimental, m	*Liebesproblem*
procéder à une rafle	*eine Razzia durchführen*
proche; le plus ~	*am nächsten gelegen*
proches, m, f, pl	*Verwandte*
procurer une invitation à qn	*jemandem eine Einladung verschaffen*
profession, f	*(akademischer) Beruf*
prolonger sa vie	*sein Leben verlängern*
promenade, f	*Spaziergang*
promener; se ~	*spazieren gehen*
promettre qc à qn	*jemandem etwas versprechen*
prononcer un nom	*einen Namen aussprechen*
proposer qc à qn	*jemandem etwas vorschlagen*
~ en paiement	*als Zahlung anbieten*
propre; une chambre ~	*ein sauberes Zimmer*
propriétaire, m, f	*Eigentümer(in)*
protéger	*schützen*
prouver qc	*etwas beweisen*
provenance, f; la ~ du diamant	*die Herkunft des Diamanten*
provoquer la mort de qn	*jemandes Tod herbeiführen*
proxénétisme, m	*Zuhälterei*
prudent, e; soyez ~	*seien Sie vorsichtig*
publier qc	*etwas veröffentlichen*
puis	*dann*
puisque	*da (ja)*

quand	*als; wann*
quand même	*trotzdem*
quant à nous	*was uns angeht*
quart d'heure, m	*Viertelstunde*
quartier, m	*Stadtviertel*
que s'est-il passé?	*was ist passiert / was ist los?*
que veut-il?	*was will er?*
quenelle de brochet, f	*Hechtklößchen*
qu'est-ce que c'est?	*was ist das?*
question, f; la rue en ~	*die gesuchte Straße*
les pièces en ~	*die fraglichen Stücke*
queue, f, faire la ~	*Warteschlange; sich anstellen*
qui est-ce qui a téléphoné?	*wer hat angerufen?*
quoi dire; je ne sais pas ~ ~	*ich weiß nicht, was ich sagen soll*

raccrocher	*den Hörer auflegen*
racler; se ~ la gorge	*sich räuspern*
raconter l'histoire	*die Geschichte erzählen*
raffinement, m	*Erlesenheit; Feinheit*
raison, f; une ~ de plus pour...	*ein Grund mehr, um zu ...*
avoir ~	*Recht haben*
raisonnable	*vernünftig*
raisonner qn	*jemanden zur Vernunft bringen*
ralentir	*langsamer fahren*
ramasser le pourboire	*das Trinkgeld einstecken*
rang, m	*Reihe*
rangée, f	*Reihe*
rapide; rapidement	*schnell*
rassurez-vous	*seien Sie unbesorgt*
rattraper; se ~	*etwas wieder gutmachen, sich korrigieren*
ravi, e; être ~	*entzückt sein*
receleur, m	*Hehler*
récemment	*kürzlich, vor kurzem*
recevoir de l'argent	*Geld erhalten*
~ qn dans son bureau	*jemanden in seinem Büro empfangen*
réchauffer l'estomac	*den Magen wärmen*

récit, m	*Erzählung*
recommandation; lettre de ~	*Empfehlungsschreiben*
recommander à qn de faire qc	*jemandem empfehlen, etwas zu tun*
reconnaissant, e; être ~ de	*dankbar sein für*
reconnaître qn	*jemanden (wieder) erkennen*
reconvertir; se ~	*sich umschulen lassen; umsatteln*
reçu, m; signer un ~	*eine Quittung unterschreiben*
recueillir / accueillir qn	*jemanden aufnehmen*
rédiger un texte	*einen Text verfassen / schreiben*
réduction, f; une ~ de 25%	*eine Ermäßigung von 25%*
refaire surface	*wieder an die Oberfläche kommen*
réfléchir à qc	*über etwas nachdenken*
~ à son geste	*seine Tat überdenken*
refuser	*ablehnen*
regard, m; attirer le ~	*den Blick auf sich ziehen*
registre, m; consulter le ~	*im Gästebuch nachschauen*
régler le prix	*die Rechnung begleichen*
~ une histoire	*eine Sache in Ordnung bringen*
regretter qc	*etwas bereuen; sich nach etwas sehnen*
rejoindre un boulevard	*auf einen Boulevard stoßen*
relation, f	*Verbindung, Beziehung*
relever qn par terre	*jemanden vom Boden aufheben*
remarque, f	*Bemerkung*
remarquer qc	*etwas bemerken*
rembourser; se faire ~ son billet	*sich einen Fahrschein zurückzahlen lassen*
remède, m	*Mittel (gegen)*
remercier qn	*jemandem danken*
remettre; se ~ au lit	*wieder ins Bett gehen*
remise en forme, f; un programme de ~ ~ ~	*Fitnessprogramm*
remonter le moral à qn	*jemandem Mut machen*
rempart, m	*Stadtmauer*
remplaçant, e	*Ersatz / Vertreter(in)*
remplir; les rangs se remplissent	*die Reihen füllen sich*
remplissez la fiche!	*füllen Sie das Formular aus!*
rémunération, f	*Bezahlung*

rencontre, f	*Begegnung, Treffen*
rendre	*zurückgeben*
~ la monnaie	*das Kleingeld zurückgeben*
~ malade	*krank machen*
~ qc à qn	*jemandem ewas zurückgeben*
~ visite à qn	*jemanden besuchen*
se ~ à l'adresse indiquée	*sich zu der angegebenen Adresse begeben*
renseignement, m; j'ai besoin d'un ~	*ich brauche eine Information*
renseigner; se ~	*informieren; sich erkundigen*
rentrons au bureau!	*gehen wir ins Büro zurück!*
renverse, f; tomber à la ~	*hintenüber fallen*
repartir	*weggehen*
~ bredouille	*nichts erreichen*
repas, m	*Mahlzeit*
répertorier	*katalogisieren*
répéter	*wiederholen*
répondre à une question	*auf eine Frage antworten*
réponse, f; donner une ~	*eine Antwort geben*
repos, m	*Ruhe*
reprendre	*fortfahren*
~ une agence	*eine Agentur übernehmen*
représenter; toutes les nations sont représentées	*alle Nationen sind vertreten*
réprobateur, trice	*tadelnd, missbilligend, vorwurfsvoll*
reprocher qc à qn	*jemandem etwas vorwerfen*
réseau, m	*Netz*
réserver une table	*einen Tisch reservieren*
résister	*sich wehren, Widerstand leisten*
resonner longuement	*noch einmal lange läuten*
ressembler à sa mère	*seiner Mutter ähneln*
restaurateur, m	*Gastwirt*
rester; il en reste encore	*es ist noch etwas übrig*
retard, m; avec un peu de ~	*mit einer kleinen Verspätung*
une demi-heure de ~	*eine halbe Stunde Verspätung*
retenir la main de qn	*jemandes Hand nicht loslassen*
~ qn prisonnier, ière	*jemanden gefangen halten*
~ un séjour	*eine Reise reservieren*

retirer qc de la vente	*etwas aus dem Angebot streichen*
retouches, f pl; faire des ~	*(Kleider) ändern*
retrouver qn	*jemanden aufsuchen, finden*
réussir à faire qc	*gelingen; Erfolg haben mit*
rêve, m	*Traum*
réveiller; je me réveille tard	*ich wache spät auf*
révéler qc	*etwas enthüllen*
revenir	*zurückkommen*
rêver de qc	*von etwas träumen*
revoir un ami	*einen Freund wiedersehen*
nous nous reverrons	*wir sehen uns demnächst*
rhabiller; se ~	*sich wieder anziehen*
rien d'intéressant	*nichts Interessantes*
je n'en sais ~	*keine Ahnung*
avoir l'air de ~	*unscheinbar aussehen*
ne ~ avoir à faire avec	*nichts zu tun haben mit*
être pour ~ dans l'affaire	*nichts mit der Sache zu tun haben*
rigoler	*lachen, scherzen*
rire aux éclats	*schallend lachen*
risque, m	*Risiko*
robinet; ouvrir le ~	*den Wasserhahn aufdrehen*
rompre le silence	*das Schweigen brechen*
rouge à lèvres, m	*Lippenstift*
rouge foncé, m	*dunkelrot*
rouler sur l'or	*im Geld schwimmen*
roux, rousse	*rothaarig*
rue, f	*Straße*
ruelle, f	*Gasse*

S

sable, f	*Sand*
s'adresser à qn	*sich an jemanden wenden*
s'affairer ~ à qc	*sich beschäftigen mit*
saignant ou à point?	*Englisch oder durchgebraten?*
saisir qc	*etwas ergreifen; verstehen*
salaire, m; un ~ fixe	*ein festes Gehalt*
salle d'attente, f	*Wartesaal, Wartezimmer*
sang-froid, m; garder son ~ ~	*ruhig Blut bewahren*

sans doute	*vermutlich, wahrscheinlich*
s'appeler; je m'appelle Marie	*ich heiße Marie*
s'approcher de qn	*sich jemandem nähern*
s'arrêter	*stehen bleiben, aufhören*
satisfait, e; être ~ de	*zufrieden sein mit*
saucisson, m	*Hartwurst*
sauter	*springen*
sauver des vies	*Leben retten*
sauver la vie à qn	*jemandem das Leben retten*
se ~ à toute vitesse	*schnellstens fliehen / abhauen*
s'avancer	*näher treten*
savate, f; donner un coup de ~ à qn	*jemandem einen Fußtritt versetzen*
savoir qc	*etwas wissen*
sec, sèche, sèchement	*trocken*
séducteur, séductrice	*Verführer(in)*
séjour, m; bon ~	*angenehmer Aufenthalt*
sel, m	*Salz*
semblant, faire ~ de comprendre	*so tun, als ob man versteht*
sembler	*scheinen*
semelle, f; ne pas quitter qn d'une ~	*jemandem auf Schritt und Tritt folgen*
sens de l'orientation, m	*Orientierungssinn*
sentiment, m	*Gefühl*
sentir les épices	*Gewürze riechen*
sentir; se ~ bien	*sich wohl fühlen*
se ~ capable de conduire	*sich in der Lage fühlen, Auto zu fahren*
~ l'alcool à plein nez	*eine starke Fahne haben*
sérieux, m; c'est du ~	*das ist etwas Ernstes*
serrer la main	*die Hand schütteln*
sertir des joyaux	*Edelsteine fassen*
service, m; à votre ~	*zu Diensten*
serviette de bain, f	*Badehandtuch*
servir dans un régiment	*in einem Regiment dienen*
~ de cuisine	*als Küche dienen*
seulement	*nur*
sévère	*streng*

si vous saviez	*wenn Sie wüssten*
signaler un crime à la police	*der Polizei ein Verbrechen melden*
signe, m; c'est bon ~	*gutes Zeichen*
silence, m	*Stille; Schweigen*
en ~	*schweigend*
simple; le plus ~, c'est...	*das Einfachste ist...*
sinon	*sonst; wenn nicht; andernfalls*
sire, m; un triste ~	*ein übler Kerl*
situer; être situé(e)	*liegen; gelegen sein*
s'occuper de	*sich kümmern um*
soif, f	*Durst*
soirée à thème, f	*Themenabend*
soleil, m; le ~ éclaire la rue	*die Sonne erleuchtet die Straße*
solennel, le; dire d'un ton ~	*mit feierlicher Stimme sagen*
sonner à la porte	*an der Tür läuten*
sonnette, f	*(Tür-)Glocke*
sortir	*hinausgehen*
~ le portefeuille	*die Brieftasche zücken*
soucier; se ~ de	*sich sorgen um*
soudain	*plötzlich*
souffler	*wehen*
~ dans le ballon	*ins Röhrchen pusten*
souhaiter du bonheur	*Glück wünschen*
soulagement, m	*Erleichterung*
soulever qc	*etwas hochheben*
soupçon, m	*Verdacht*
soupçonner	*argwöhnen*
souper, m	*Abendessen; zu Abend essen*
soupir, m; pousser un ~	*einen Seufzer ausstoßen*
soupirer	*seufzen*
sourire, m; un ~ méchant	*ein bösartiges Lächeln*
un ~ moqueur	*ein spöttisches Lächeln*
souvenir; se ~ d'un ami	*sich an einen Freund erinnern*
souvent	*oft*
spontané, e	*spontan*
steak au poivre, m	*Pfeffersteak*
suffisamment; avoir ~ de preuves	*ausreichende Beweise haben*
suivez-moi!	*folgen Sie mir!*

suivre qn	*jemandem folgen*
~ une piste	*eine Spur verfolgen*
si vous voulez bien nous ~	*wenn Sie uns bitte folgen würden*
sujet, m; à quel ~?	*um was geht es?*
le ~ de la conversation	*das Thema des Gesprächs*
une discussion au ~ de	*eine Diskussion über*
superstitieux, se	*abergläubisch*
supplément, m	*Zuschlag*
supposer	*vermuten, annehmen*
sûr(e) et certain(e)	*absolut sicher*
sûr, e; se sentir ~	*sich sicher fühlen*
sûrement	*sicherlich, bestimmt; gewiss*
surface, f	*Ober-, Wohnfläche*
surnom, m; donner un ~ à qn	*jemandem einen Spitznamen geben*
surprenant, e	*erstaunlich*
surprendre qn	*jemanden überraschen*
surprise, f	*Überraschung*
sursauter	*zusammenzucken, aufschrecken*
surveiller qn	*jemanden überwachen*

t

table; une ~ pour 4 personnes	*ein Tisch für 4 Personen*
tablier, m; un ~ noué autour de la taille	*Schürze; eine ~ um die Hüfte geknotet*
taille, f; être grand de ~	*Größe, Figur; groß sein*
tailleur, m	*Kostüm (für Damen)*
taire; se ~	*schweigen*
taisez-vous!	*schweigen Sie!*
talon, m; chaussures à hauts talons	*Schuhe mit hohen Absätzen*
tant d'argent	*so viel Geld*
tant pis	*egal*
taper contre la porte	*gegen die Tür treten / klopfen*
tapis roulant, m	*Fließband*
tapoter sur le clavier	*auf der Tastatur tippen / klimpern / trommeln*
tard; une heure plus ~	*eine Stunde später*
tarmac, m	*Rollfeld*
tarte au citron, f	*ein Zitronenkuchen*

~ aux pommes	*Apfelkuchen*
tartelette aux fraises, f	*Erdbeertörtchen*
tartine de pâté, f	*Brot mit Pastete*
tas, m; un ~ de choses	*ein Haufen Sachen*
tasse, f; ce n'est pas ma ~ de thé	*das ist nicht mein Fall*
teint, m; au ~ gris	*von grauer Gesichtsfarbe*
tel, telle; telle une statue	*wie eine Statue*
téléviseur, m	*Fernseher*
témoin, m; être ~ d'un cambriolage	*Zeuge eines Einbruchs sein*
tempes, f pl; des ~grisonnantes	*ergraute Schläfen*
temps, m; de ~ en ~	*von Zeit zu Zeit*
tendre la main à qn	*jemandem die Hand reichen*
~ l'oreille	*lauschen*
tenir beaucoup à qc	*an etwas sehr hängen*
~ qc à la main	*etwas in der Hand halten*
~ un restaurant	*ein Restaurant haben, führen*
se ~	*stehen*
tension, f; prendre la ~ à qn	*jemandes Blutdruck messen*
tentant, e; paraître ~	*verlockend erscheinen*
tenue, f; un policier en ~	*ein Polizist in Uniform*
terrible	*schrecklich*
tête, f	*Kopf*
tiercé, m	*Dreierwette*
tinter	*klingen, läuten, bimmeln*
tirer les vers du nez à qn	*jemandem die Würmer aus der Nase ziehen*
tirer sur	*schießen auf*
tiroir, m	*Schublade*
toilettes, f pl; aller aux ~	*auf die Toilette gehen*
tomber amoureux, se de qn	*sich in jemanden verlieben*
tomber bien	*wie gerufen kommen*
~ dans le fossé	*in den Graben fallen*
ton, m; sur un ~ de professeur	*in belehrendem Tonfall*
tôt; très ~ le matin	*sehr früh am Morgen*
toujours moi	*immer ich*
tour, m; c'est mon ~	*ich bin an der Reihe*
y faire un ~	*dort vorbeischauen*
tourner à droite	*rechts abbiegen*

~ la poignée de la porte	*die Türklinke drücken*
~ la tête	*sich umdrehen*
tout à fait d'accord	*ganz und gar einverstanden*
il est ~ ~ ~ honnête	*absolut; er ist ~ ehrlich*
tout de suite; j'arrive ~ ~ ~	*ich komme sofort*
traduction, f	*Übersetzung*
trafic d'êtres humains, m	*Menschenhandel*
train, m; la conversation va bon ~	*das Gespräch ist lebhaft*
être en ~ de faire qc	*dabei sein, etwas zu tun*
traîner sa valise dans les couloirs	*seinen Koffer durch die Gänge schleppen*
traire	*melken*
trajet, m; le ~ du retour	*die Rückfahrt*
tranquille; être ~	*ruhig sein*
laisser qn ~	*jemanden in Ruhe lassen*
transpirer; commencer à ~	*zu schwitzen anfangen*
travail, m	*Arbeit*
travers; se mettre en ~ de	*sich quer stellen*
traverser la rue	*die Straße überqueren*
trembler	*zittern*
tremper dans qc	*in etwas mit drinstecken*
trépidant, e	*rhythmisch, hämmernd, hektisch*
très stylé	*perfektes Auftreten*
trinquer	*anstoßen (mit Weingläsern)*
triste, tristement	*traurig*
tromper qn	*jemanden täuschen*
il se trompe	*er täuscht sich*
troublant, e	*verwirrend, beunruhigend; verführerisch*
troublé, e; avoir l'air ~	*beunruhigt / besorgt aussehen*
tutoyer qn	*jemanden duzen*

u

unique, une pièce ~	*ein einzigartiges Stück*
utile; plus ~	*nützlich; nützlicher*

vacances, f pl	*Ferien*
vache, f	*Kuh*
valeur, f	*Wert*
valise, f, faire sa ~	*seinen Koffer packen*
végétation luxuriante, f	*üppige Vegetation*
veille, f	*Vortag*
vendeur, se	*Verkäufer(in)*
vendre qc	*etwas verkaufen*
venir chercher qn	*jemanden abholen*
~ de faire qc	*soeben etwas getan haben*
vent, m	*Wind*
vente, f	*Verkauf*
~ aux enchères	*Auktion*
ver, m	*Wurm*
vérification, f	*Überprüfung*
véritable	*wirklich*
verre, m; des verres fumés	*getönte Brillengläser*
un ~ de vin	*ein Glas Wein*
verser de l'argent	*Geld überweisen*
~ un verre	*ein Glas eingießen*
vêtement, mettre un ~	*ein Kleidungsstück anziehen*
viande hachée, f	*Hackfleisch*
victime, f	*Opfer*
vide; la batterie est ~	*die Batterie ist leer*
vie, f	*Leben*
vieux, m; écoute mon ~	*hör zu, mein Alter*
vieux, vieil, vieille	*alt*
vilain, e; une vilaine affaire	*eine schlimme / üble Angelegenheit*
village de vacances	*Feriendorf*
violer qn	*jemanden vergewaltigen*
visage, m; un ~ familier	*ein bekanntes Gesicht*
visite, f; rendre ~ à	*jemanden besuchen*
visiteur, m	*Besucher*
vite; au plus ~	*so schnell wie möglich*
vitesse, f	*Geschwindigkeit*
vitrine; en ~	*im Schaufenster*
vivre vieux	*lange leben, alt werden*
vœu, m; faire un ~	*Wunsch; sich etwas wünschen*

voir	*sehen*
je vais ~	*ich schaue mal nach*
voisin, e; la pièce ~e	*der benachbarte Raum*
voisin, e, m, f	*Nachbar(in); benachbart*
voix chevrotante, f	*zitternde Stimme*
dire d'une ~ faible	*mit schwacher Stimmer sagen*
d'une seule ~	*wie aus einem Mund*
vol, m	*Diebstahl*
un ~ régulier	*Linienflug*
volant, m; prendre le ~	*sich ans Steuer setzen*
voler qc	*etwas stehlen*
voleur, se	*Dieb(in)*
volontiers	*gerne*
voyage de noces, m	*Hochzeitsreise*
voyage, m; bon ~	*gute Reise*
vrai, e	*wahr*
vu de	*angesichts*
vue, f; à la ~ du résultat	*angesichts des Ergebnisses*

xyz

yaourt, m	*Joghurt*
yeux, n, pl von œil; ne pas en croire ses ~	*seinen Augen nicht trauen*
zut!	*verflixt!*